"十二五"职业教育国家规划教材
经全国职业教育教材审定委员会审定

全国职业院校新课程标准规划教材

职业生涯规划

主　编　樊旭敏
副主编　高存艳　刘大宁
　　　　卢　超

中国财政经济出版社

图书在版编目（CIP）数据

职业生涯规划／樊旭敏主编．—北京：中国财政经济出版社，2015.3
“十二五”职业教育国家规划教材　经全国职业教育教材审定委员会审定
ISBN 978－7－5095－5244－5

Ⅰ．①职…　Ⅱ．①樊…　Ⅲ．①职业选择－高等职业教育－教材　Ⅳ．①G717.38

中国版本图书馆 CIP 数据核字（2014）第 066164 号

责任编辑：郭慧珍　　　　责任校对：张　凡
封面设计：陈　瑶　　　　版式设计：兰　波

中国财政经济出版社 出版

URL：http：//www.cfeph.cn
E－mail：jiaoyu @ cfeph.cn

社址：北京市海淀区阜成路甲 28 号　邮政编码：100142
营销中心电话：010－88191537　编辑部门电话：010－88190683
三河市宏图印务有限公司印刷　各地新华书店经销
787×1092 毫米　16 开　9.75 印张　210 000 字
2015 年 4 月第 1 版　2020 年 6 月河北第 2 次印刷
定价：20.00 元
ISBN 978－7－5095－5244－5/C・0037
（图书出现印装问题，本社负责调换）
本社质量投诉电话：88190744
打击盗版举报热线：010－88191661 、QQ：2242791300

出版说明

为进一步贯彻落实《国家中长期教育改革和发展规划纲要》和《教育部关于“十二五”职业教育教材建设的若干意见》（教职成〔2012〕9号）的精神，适应高等职业教育发展的新趋势，满足高等职业院校公共基础课教学的需要，我社联合教育部职业院校文秘类专业教学指导委员会共同组织、出版了全国职业院校新课程标准规划教材。

本系列教材由教育部职业院校文秘类专业教学指导委员会主任委员、华侨大学文学院院长孙汝建教授担任总主编，负责该系列教材的总策划与组织工作。在教材内容的构建上，我们力求把每门课程的知识学习、能力培养、职业素养养成融入教学的全过程中；在教材知识的序化上，结合社会经济发展对技术应用型人才的需求来重组教材的知识点、技能点和素质要求点，并注重新知识、新技术、新工艺、新方法的应用，注重对学生的职业素养能力的培养；在教材的编写方式上，以社会生活中的案例为切入点，使学生的知识学习能够从问题导向（从问题提出、问题讨论、问题解决、问题评价等方面）出发，激发学生好奇心，培养学生探究、钻研问题的能力；各门课程结合教学实际配有标准课时的视频示范课，并配有电子教案，以方便教师教学。在本次教材的编写过程中，我们对与高等职业教育“工学结合、校企合作、顶岗实习”的人才培养模式相关的内容做了一些新的尝试，以适应高等职业教育教学改革，满足各类高等职业院校的教学需要。在此，我们真诚地希望各位老师在教材的使用过程中，及时提出意见和建议，使之不断完善和提高。修改意见和建议可通过中国文秘教育网邮箱反馈：yqqlm@ chinawmw. net（“欲穷千里目”之声母）。

中国财政经济出版社

2013年11月

Preface 前言

职业生涯规划是职业院校学生必修的一门公共基础课程。本课程旨在对学生进行职业生涯教育和职业理想教育，引导学生树立正确的职业观念和职业理想，学会根据社会需要和自身特点、条件进行职业生涯规划，并以此规范和调整自己的行为，为顺利就业、创业创造条件，打好基础。

市场上职业生涯规划类教材很多，想要在前辈、同行的基础上有所创新、有所突破实非易事。为了编好《职业生涯规划》一书，遴选了来自职业院校长期从事该课程教学任务的一线教师组成编写组，通过对企业、教师、学生等对象的调查，确定本书的编写内容，同时查阅大量的资料，对现已出版的《职业生涯规划》教材进行比较，力争编写出一本特色鲜明、适用的教材。因此，我们做了以下几个方面的努力与尝试：

第一，创新编写模式，凸显学生的职业素质和能力培养。教材充分考虑学生的认知水平、年龄，学科特点，社会经济发展及专业实际，每课均设置贴近现实的“职业案例”引出学习内容，增强知识的吸引力和感染力；利用课中的“拓展阅读”丰富讲解内容，增强学习的趣味性。课后的“职业生涯体验”帮助学生理论联系实际，通过讨论和总结的形式，调动学习的积极性。

第二，根据教育部要求，教材体现中高职衔接教育。教育部先后颁发了《教育部关于推进高等职业教育改革创新引领职业教育科学发展的若干意见》、《关于贯彻落实推进中等和高等职业教育协调发展工作的通知》等重要文件，大力推进中高职衔接教育，教材在编写过程中，邀请中职文秘专业教学一线的教师参加，教材从理论到实践，由浅入深，适合中职、高职院校教学使用。

第三，邀请行业专家参与，使教材与行业无缝对接。为了增加教材的实用性，使教材与行业无缝对接，反映行业的最新动态，在教材编写过程中，邀请了从事人事工作的行业专家加盟，行业专家的加盟为本书的编写提供了大量的鲜活案例，使本书的编写更具行业特色。

本书由浙江经济职业技术学院樊旭敏副教授担任主编，并负责编写的组织与统筹工作；钟山职业技术学院高存艳、河南牧业经济学院刘大宁、湖州职业技术学院卢超任副主编，河南职业技术学院胡海涵、浙江物产集团周方明、河南牧业经济学院宋平、河南广播电视大学陈璐等老师参与了编写工作。

需要特别说明的是，在本书的编写过程中得到了教育部职业院校文秘类专业教学指导委员会主任委员孙汝建教授、扬州市职业大学王瑞成副教授、湖州职业技术学院杨群欢教授、钟山职业技术学院吴良勤老师的细心指导与帮助，在此表示诚挚的感谢。另外，本书在编写过程中，参考了大量的文献资料，吸收了业界前辈研究的成果，为了行文方便，本书对于所引用的成果及材料未能一一在书中注明，在此对书中引用的文献资料的专家、学者、前辈、同人表示敬意和感谢。

希望本书的编写能够为职业院校“职业生涯规划”课程的教学带来一些有益的启发，更希望本书能成为职业院校各专业师生学习和生活中的“良师益友”。限于学养、时间、精力等因素，我们虽极尽全力，但必然存在不少的错漏之处，诚恳地期望业界前辈、学者、同人、使用本书的广大师生以及读到本书的读者朋友，提出宝贵的意见和建议，以便在修订时日臻完善。

编　者

2015 年 1 月

目录 Contents

第一章
职业生涯规划概论

学习目标

通过本章学习，帮助学生认识职业、职业生涯和职业生涯规划的内涵，了解职业生涯规划的重要性，帮助职业院校学生扭转职业生涯规划的误区，形成正确的职业发展观。

第一节　认识职业

名言警句

职业理想就像一盏指路的明灯，它不仅照亮了我们的职业发展之路，也照亮了我们人生之路。

——（俄）列夫·托尔斯泰

案例导入

西方有一个传统版的教育故事。故事内容如下：有三个工人在砌墙，一个人经过此地，就问工人甲："你在干什么？"工人甲说："我在砌墙啊！"过路人又问工人乙："你在干什么？"工人乙说："我在盖房子啊！"问至工人丙时，工人丙很愉快地回答道："我正在盖一间教堂，这间教堂将成为村内人聚会的场所，所以我要仔细努力地完成它。"若干年后，工人甲还是一个砌墙的普通工人，工人乙成了建筑工地的管理者，而工人丙最后成为一名优秀、知名的建筑师。

案例点评：思想有多远，我们就能走多远。在同一条起跑线上，态度决定一切！你手头的小工作其实正是大事业的开始，能否意识到这一点意味着你能否做成一项大事业。如果都像工人甲一样，愁苦地面对自己的工作，再好的工作也不会有什么成效；而同样平凡的工作，一样地看似简单重复、枯燥乏味，有人却能以快乐的心情面对，在平凡中感知不平凡，在简单中构筑自己的梦想，职业就会给予他不一样的回报。

必备知识

一、职业及其产生和发展

（一）职业的概念

从词义学的角度看，职业一词由“职”和“业”构成。“职”是指职位、职责，即我们平时所说的在一定的职位上就要尽一定的责任。“业”是指从事的行业、事业、业务，即具体干什么事情。职业（occupation）是撇开具体场景和具体特点的工作（job）的类的称呼。一般来说，职业是指人们在社会生活中所从事的以获得物质报酬作为自己主要生活来源，在社会中承担某一分工角色，同时实现社会联系和自我价值而发挥个性才能的一种持续性的活动方式。它是人们的生活方式、经济状况、文化水平、行为模式、思想情操的综合性反映，是一个人最基本的符号和主要的特征；同时也是一个人的权利、义务和职责，反映一个人的社会身份、社会地位与自身的文化、能力和素质水平。

（二）职业的产生和发展

职业的产生与发展是人类文明的标志之一，是人类社会发展与进步的客观反映。中国最早对“业”的记载当属《周易》，《周易》乾卦文言：“君子进德修业。”这里的“业”可解释为外在的行为，尚没有现代职业的内涵。

职业作为一种社会现象并非从来就有，它是人类社会生产力发展到一定阶段的产物，是随着社会分工的出现而产生的。在原始社会前期，生产力水平很低，人类活动的目标简单，劳动没有形成固定的分工，一般是男的捕鱼、打猎，女的采集植物果实、料理家务，而老年人主要是制作劳动工具。这种在原始氏族内部、部落内部由于性别和年龄的差别而出现的自然分工，就是职业的萌芽。随着原始社会的发展，人类征服自然的力量逐步增强，社会生产力有了一定的提高，人类社会出现了三次社会大分工，人们所从事的劳动从原来单一的原始农业到可以从事畜牧业、手工业和商业，并由此出现了人类最初的职业：农民、牧民、工匠、商人等。此后随着历史不断前进，职业也跟着不断发展，其中包括职业的新兴、繁荣和衰败。有些职业因为不能满足社会的需求而被人们抛弃，从此销声匿迹，有些职业由于其特殊的性质得以长久保存，只不过在不同时代背景下，其内涵也随之而不同。

职业的产生虽然不是伴随着人类社会的形成而出现，但却是人类社会劳动分工的必然结果，产业分工是职业产生和划分的基础和根据。随着人类社会生产力水平的提高和社会分工的精细化，在多种社会因素的共同作用下，职业也在不断地变化和发展。

二、职业的特点

根据职业产生的发展历史及其对人类社会发展的影响，职业具有以下特征：

（一）经济性

职业的经济性是指人们从事某项职业，必定要从中获取一定的、能维持生计的经济收入。在现代社会中，经济收入直接反映为工资、货币。人们有各种各样的需求，其中对货币的需求在现代社会是相当强烈的。在商品社会中，货币就代表物质享受。人们只有通过某种职业的劳动而获得收入，以满足更加富裕的生活需求。因此，维持生计的经济功能对于职业而言是不可缺少的方面。

（二）社会性

职业的社会性指职业是为社会所需的，是劳动者承担某一社会角色而进行的社会生产劳动。职业必须要担当某种社会角色，因为职业是因社会需要而产生的，在原始社会的自给自足状态，职业就没有存在的必要。为了人类生活的维持与发展，人们的能力和经验所产生的专业化就是职业。

（三）技能性

任何一个职业岗位，都有相应的职责要求，要完成岗位的职责要求，必须具有特定的知识和技能，即便是一些技术含量比较小的工作，也需要有一定的技巧来提高工作效率，达到更好的工作效果，因此，职业具有技能性。

（四）连续性

职业的连续性是指劳动者持续地从事某一社会工作，或者相对稳定地从事该项工作，像职业院校学生的义务劳动、勤工俭学等这种短期、临时性的工作，就不能称为职业。只有在一定期间持续地从事一项工作，而且能够藉此维持生计的社会实践活动，才能被视为职业。

（五）时空性

随着社会的发展和进步，职业变化迅速，除了弃旧更新外，同一种职业的活动内容和方式也会发生变化，所以职业的划分带有明显的时代性，不同时代有不同的热门职业。我国曾出现“当兵热”、“从政热”，后来又发展到“下海热”、“外企热”，而今，面对来势迅猛的金融危机，又出现了“公务员热”、“考研热”等，都反映出特定时期人们对某种职业的热衷程度。

（六）伦理性

从汉语词义的角度分析，职业可以理解为个人承担社会职责、履行公民义务的工作。职业本身的目的是为社会和大众服务的，这就使职业必然包含着那个时代的伦理道德和从业者的职业情操。

（七）个体性

能最大限度发挥自己的个性和才能的职业是必要的，只有这样才能满足自己的职业需求，使自己能够成长，进而才能充分的扮演社会角色，从而获得心理上的满足。

三、职业的功能

（一）给就业者提供经济收入

作为个人获取经济收入的基本来源，职业决定着人们的生存基础和生活质量。不同的职业给就业者带来的经济收入存在着明显的差别，从而影响人的生活水平和生活方式。同时，不同的职业对于就业者的素质和能力要求也有较大的差异。职业院校学生要想在职业选择和经济收入上取得较高的职位和较高的收入，就必须及早努力，不断提升自己的综合素质、专业水平和职业能力。

（二）为社会提供服务交换

职业是人们在社会中所从事的作为主要生活来源的工作，是个人服务社会、服务他人的工作岗位。在我们的社会里，人人都是服务对象，人人又都为他人服务，正所谓“人人为我、我为人人”。人在社会中想要享受便利和服务，同时就要承担一定的社会义务，为社会创造财富。两者的关系是相辅相成的。在市场经济的社会理念中，为社会、企业创造财富的多少同个人享受的便利和服务是相对等的。“服务社会、服务企业、服务他人、服务自我”已成为职业人必修的文化理念。

（三）实现个体自身价值

职业是一种工作但又不完全等同于工作，它要高于工作，更多的是指一种专门的事业，它要求个人对它有忠诚度。从社会的角度来讲，职业所体现的是专业的分工，这种分工表现为劳动者所扮演的各种不同的社会角色，如医生、教师、律师、公务员等。从个人的角度来讲，职业所体现的是一种精神追求，人们通过从事一定的职业来实现自己的人生追求和个人价值。职业是实现个体价值的途径，职业发展的过程是劳动者自身价值不断实现的过程。人们从事某种职业不仅是为了获得报酬，更重要的是在职业活动中展示自己的智慧和才华，发挥和发展自己的潜在能力，实现人生理想和价值。

四、职业的分类

职业分类，是指按一定的规则和标准把一般特征和本质特征相同或相似的社会职业，分成并归纳到一定类别系统中去的过程。

（一）职业分类的基本特征

1. 产业性特征

一个国家，一个社会，就大的方面可以分为三类产业。第一产业包括农业、林业、牧业和渔业等；第二产业是工业和建筑业，工业中包括采掘业、制造业等等；第三产业是流通和服务业。在传统农业社会，农业人口比重最大；在工业化社会，工业领域中的职业数量和就业人口显著增加；在科学技术高度发达和经济发展迅速的社会，第三产业职业数量和就业人口显著增加。

2. 行业性特征

行业是根据生产工作单位所生产的物品或提供服务的不同而划分的，行业主要是按企业、事业单位、机关团体和个体从业人员所从事的生产或其他社会经济活动的性质的同一性来分类的，行业表示了人们所在的工作单位的性质。

3. 职位性特征

职位是一定的职权和相应的责任的集合体。职权和责任的统一形成职位的功能，职权和责任是组成职位的两个基本要素，职权相同，责任一致，就是同一职位。在职业分类中的每一种职业都含有职位的特性，比如大学教师这种职业包含有助教、讲师、副教授、教授等职位。再如国家机关公务员包括科级、处级、厅（局）级、省（部）级等职位系列。

4. 组群性特征

无论以何种依据来划分职业都带有组群特点。如科学研究人员中包含哲学、社会学、经济学、理学、工学、医学等，再如咨询服务事业包括科技咨询工作者、心理咨询工作者、职业咨询工作者等。

（二）职业类别的划分

目前，职业已成为一个庞大的“家族”，我们常说的“三百六十行”早已无法涵盖现代职业门类。有资料显示，目前世界上职业的种类已达5位数。职业分类的主要依据是社会分工。然而，世界各国国情不同，其划分职业的标准也有所区别。1958年国际劳工组织（ILO）编制的第一部《国际标准职业分类》，是各国编制本国职业分类的依据。现在我国采用的是《中华人民共和国职业分类大典》，其编制工作于1995年初启动，历时4年，1999年初通过审定，1999年5月正式颁布。

《大典》将我国职业归为8个大类，66个中类，413个小类，1838个细类。

8个大类分别是：

第一大类：国家机关、党群组织、企业、事业单位负责人，其中包括5个中类，16个小类，25个细类；

第二大类：专业技术人员，其中包括14个中类，115个小类，379个细类；

第三大类：办事人员和有关人员，其中包括4个中类，12个小类，45个细类；

第四大类：商业、服务业人员，其中包括8个中类，43个小类，147个细类；

第五大类：农、林、牧、渔、水利业生产人员，其中包括6个中类，30个小类，121个细类；

第六大类：生产、运输设备操作人员及有关人员，其中包括27个中类，195个小类，1119个细类；

第七大类：军人，其中包括1个中类，1个小类，1个细类；

第八大类：不便分类的其他从业人员，其中包括1个中类，1个小类，1个细类。

当代社会的变化性特征决定了社会职业结构的动态性，不同职业的供给量不断变化，而且新职业在不断产生，老职业则逐渐被淘汰。原劳动和社会保障部曾于2004年8月19日举行首次新职业发布会，宣布“形象设计师”、“呼叫服务员”、“锁具修理工”等9项新职业。新职业是指社会经济发展中已经存在一定规模的从业人员，具有相对独立成熟的职业技能，《中华人民共和国职业分类大典》中未收录的职业包括全新职业和更新职业两种。

拓展阅读

新兴职业

自2004年8月人力资源和社会保障部建立定期官方发布新兴职业制度以来，至2012年共计发布了120多个新职业的信息，其中110个新兴职业配有“国家职业标准”。一些新职业被企业接受，成为今天人才市场上的“热门”职业，但是也有些新职业在几年后的今天仍然很“新”，乏人问津。进入新兴职业更需要职业规划，而且和进入股市一样“入行有风险，入市须谨慎。”

一、新兴职业的高收入迷局

新兴职业看起来轻松又时尚，高薪有发展，着实让人羡慕，成了网民中的香饽饽。但只要追溯这些新兴职业的来源，就很容易发现新兴职业的高收入只是一个公开的迷局而已。一个问题：“新兴职业从哪里来?”新兴职业往往是由一些传统行业本身具有高素质、敏锐眼光的公司或个人发现并投入其中，所以这些新兴职业者本身就具有很高的职业身价。是金子总会发光，他们只不过找到了一块全新的任其生长的沃土。而新兴行业的收入结构也明显的符合“二八原则”，即20%的高收入人群带来了新兴行业的高收入假象。甚至由于缺乏明确的行业标准，这个比例还会高于传统行业。

二、投资者还是投机者

由于新兴行业是迎合社会需求出现的一座座金矿，所以必然会吸引大量人群的目光，让一批批淘金者趋之若鹜，但这座金矿蕴含了多少真“金”往往需要市场的长久考验。所以进入者请谨慎思考：你到底是这个行业的投资者还是投机者？任何一个新兴行业往往都是由一批有着深刻行业愿景的投资者开辟并耕作，他们往往具有这个行业需要的大量资源优势，利用“首因效应”走到这个行业的金字塔尖。而在日后的行业洗牌中他们会是这个行业的长线操作者。而随着新兴行业的炒作，也必然会吸引大量的投机者加入，因为往往新兴行业入行门槛低，规则和壁垒尚不清晰，所以大家都想进入讨一杯羹。机会主义的投机者建议还是慎重考虑进入新兴职业，因为新兴职业受市场影响更大，而如果你无法在其中快速让你的价值变现，很可能被这个职业套牢，并不利于你职业能力的提升。

三、新兴职业与新新人类

新兴职业往往会吸引一些新新人类。他们很多是一些刚毕业的大学生，缺乏对职业的清晰认识与了解，往往被职业的艺术照所吸引，这部分新新人类进入新兴职业更需谨慎。新兴职业往往缺乏明确的职业规范，而且尚处于孕育期，对于职场新人的职业化成长并不一定是最好的选择。所以除非这些新新人类已经在该领域有很好的资源积累，比如一些职业院校学生依然是很好的微博营销高手。否则还是谨慎为好。新新人类进入新兴职业一定要清晰自己的职业规划，希望在这个领域做多久，希望获得什么样的成长与知识？这些成长与知识在未来的职业环境中会获得什么样的可迁移技能。这些都需要新进入新兴职业的新新人类的深入思考。

四、如何防范新兴职业的风险与隐忧

时尚新兴职业给求职者带来新鲜、新奇的感受的同时，也因其欠缺相应的行业标准而存在一定的隐患和风险。针对这种现状，法律专家建议从业人员可以从下列几个方面加以注意，防患于未然。

首先，要签一个好合同。新职业由于有一些新的工作特点，一般的劳动合同范本内容中往往体现不出这些特点。因此建议无论是企业还是员工，都应该针对新职业的特点在劳动合同中加入新内容。在新职业的相关法律法规还没有建立的情况下，双方当事人如能签署一个内容具体细致的合同，是有效防范纠纷的手段之一。

其次，建立证据意识。新职业工作中出现的问题，如化妆品试用员在试用产品工作中如果皮肤起了过敏反应，造成了皮肤伤害是属于工伤，应该享受工伤赔偿，但有些试用员皮肤受伤后因没有证据证明是试用工作产品中造成的皮肤伤害，而无法得到工伤赔偿。因此，建议化妆品试用员一方面应注意自我保护，另一方面应想办法获得相关证据，比如在试用工作产品过程中找一两个人在场作为人证；即使只有自己一人单独试用也最好把试用过程进行录像。

再次，要学会用劳动合同法维权。一些企业往往把新职业看成是一种非正规用工，不与员工签订劳动合同，也不给员工缴纳社会保险，这样一来既可以降低企业的用工成本，又可以在不需要时随意辞退，还不用支付任何解除劳动关系的补偿。因此从事新职业的年轻朋友应认真学习劳动合同法方面的法律法规，必要时可以用法律作为武器，与企业据理力争或者向劳动监察部门举报企业的违法行为。

（资料来源：http：//baike. baidu. com/）

职业生涯体验

生涯人物访谈

一、活动目的

生涯人物访谈是大学生职业选择和职业定向的一个自助平台，是在校期间职业生涯规划的一个环节，是一种获取职业信息的有效渠道，目的在于使学生了解和认识社会需求、职业需求、职业环境和基本状况，帮助求职者（尤其是在校大学生）检验和印证以前通过其他渠道获得的信息，并了解与未来工作有关的特殊问题或需要，如潜在的入职标准、核心素质要求、晋升路径和工作者的内心感受等（这些信息是通过大众传媒和一般出版物得不到的）。

二、操作流程

1. 寻找生涯人物

结合自己的兴趣爱好和已掌握的职业知识列出未来可能从事的几个职业，然后在每个职业领域寻找3位以上的在职人士作为生涯人物。生涯人物可以是自己的亲人、师兄、校友和朋友，可以是他们推荐的其他人，也可以借助行业协会、同学名录或某个具体组织的网页来寻找其他职场人士。

（注意：生涯人物的职业应是自己向往的。每个职业领域的生涯人物应结构合理，

既有初入职场的人士，也有工作了一定年限的中高层人士；正式访谈前，对生涯人物的信息掌握得越全面越好，姓名、职务和联系方式是必须的，对于在生涯人物的讲话、文章或者大众传媒和单位网页上可以获得的信息要尽可能的收集和熟悉。）

2. 拟订访谈提纲

结合目标职业信息设计访谈问题，对生涯人物的访谈可以围绕以下要点进行：

行业、单位名称、职业（职位）、工作的性质类型、主要内容、地点、时间、任职资格、所需技能、市场前景、行业相关信息、工作环境、工作强度、福利薪酬、工作感受、员工满意度等（具体内容可以参考附件一）。

3. 预约并实地采访

预约方式有电话、QQ、电子邮件和普通信件等，其中电话最好。预约时首先介绍自己，然后说明找到他的途径、自己的采访目的、感兴趣的工作类型以及进行采访所需要的时间（通常30分钟左右），确认采访的日期、时间和地点。

（注意：联系前的准备要充分，电话联系时还应备好纸和笔，以备临时电话采访；联系时一定要有礼貌，时间要短。）

访谈方式可以是面谈、电话访谈、QQ访谈，最好是面谈。面谈前，采访者一般可以用已经从其他渠道了解的生涯人物的好消息轻松打开话题。之后就可以按设计好的问题开始访谈了。遇到生涯人物谈兴正浓时，采访者要乐于倾听，给生涯人物留出提供其他信息的机会。在访谈结束时，请生涯人物再给自己推荐其他相关的生涯人物。这样就可以以滚雪球的方式拓展自己的职业认知领域。

注意：

（1）采访前为自己准备个“30秒的广告”，因为在访谈过程中生涯人物可能会问采访者的职业兴趣和求职意向。

（2）面谈前，应征求生涯人物的意见，视情况对谈话进行录音、或书面记录、或不记录。

（3）面谈一定要守时、简洁，不浪费他人时间。

（4）访谈结束后，对于不允许访谈现场记录的内容应迅速补记。

（5）采访结束后一天之内，要通过合适的方式表示感谢。

4. 访谈结果分析

在一个职业领域采访3个以上的生涯人物后，用职业信息加工的观点来分析，对照之前自己对该职业的认识进行比较，找出主观认识与现实之间的偏差，确定自己是否适合这一行业、职业和工作环境，是否具备所需能力、知识与品质，形成书面总结报告，进而详细制订大学期间的自我培养计划。如果访谈结果与自己之前的认识出现严重脱节，就有必要进入另一个职业领域开展新一轮生涯人物访谈。

三、访谈活动要求

1. 每个同学至少进行一个职业的访谈。

2. 上交材料：

（1）大学生生涯人物访谈记录。要真实全面记录访谈中的对话内容，并注明所访谈的生涯人物职业，每1份访谈记录所包含的问题不少于10个，文字不少于800字，不多于2500字（具体可参考附件二）。

（2）生涯人物访谈总结报告。请结合自我认知和访谈所收获的职业知识对整个的访谈做一个书面总结，应有标题和作者，内容包括：生涯人物的选取、生涯人物简介、访谈过程简介、访谈问题总结、对该职业的分析、自身的认识变化、对自己职业发展的帮助等。文字在1000至3000字为宜。

四、注意事项

1. 访谈前要做好充分准备。

2. 访谈中要注意着装和仪表，态度和蔼、大方；要文明礼貌，措辞得体。

3. 要时刻注意安全问题，增强安全意识，提高防范能力，确保万无一失。

4. 尊重被访谈者，注意保护他们的信息安全和个人隐私。

5. 认真对待，不走过场，真正通过访谈达到探索职业的目的，为个人的职业定向和职业选择做准备。

附件一：访谈问题选择

问题1：您是如何找到这份工作的？

问题2：目前，行业内要求从事这份工作的人应该具备什么样的教育和培训背景？

问题3：您认为做好这份工作应该具备哪些知识、技能和经验？

问题4：您认为什么样的个人品质、性格和能力对做好这份工作来讲是最重要的？

问题5：这项工作需要的个人品质、性格和能力同别的工作要求的有什么不同吗？

问题6：行业内，单位对刚进入该领域工作的员工一般会提供哪些培训？

问题7：在行业内，先从什么样的工作岗位做起，能学到最多的知识，最有益于发展？

问题8：据您所知，从事这种工作的人在单位或者行业内发展的前景怎样？

问题9：最近这个行业和工作因为科技进步、经济的全球化发生变化了吗？

问题10：您如何看待该单位的组织文化和该领域的工作方式在将来的变化趋势？

问题11：男女工作者在这份工作上机会均等吗？

附件二：生涯人物访谈记录

访谈时间：2014年8月3日

访谈方式：面对面

被访谈人：黄先生，大学本科学历，计算机专业，现任某公司旗下市场部主任

访谈内容：

问题1：您是如何找到工作？

答：是通过熟人介绍的，经过数月实习，通过自己的努力，从销售一步一步干到了主管。

问题2：您认为具有什么样的精神品质、性格和能力对工作来说是重要的？

答：坚持。对于经验来说，都是需要用时间来培养的。坚持一份工作，就会产生经验，从而会有更大的发展。还需要踏实的性格，毕竟这种工作并不会短时间就能有一个

很满意的收入，所以需要踏实。其实做这行还需要对市场的敏锐观察力，因为每一个行业都有竞争，如果做不好，那么只能被淘汰。只有抢先抓住市场的动向，知道顾客需要什么，才能离成功越来越近。

问题3：这项工作所需要的个人品质、性格和能力在同别的工作要求相比有什么不同？

答：首先是有与人沟通的能力，而且最好是这种能力特别强，因为在卖场销售的时候，就是面对面的与顾客交流，如果沟通不好的话，首先会影响你的销售业绩，其次甚至会引发矛盾，遭到投诉，工作不保。沟通能力是一方面，还要有像上一个问题中提到的坚持、踏实和耐心，这些即是所有工作顺利进行的前提，也是我这份工作的成功因素。像我现在的工作，还需要善于发现问题，解决并将其总结，把每一个店在销售中的问题，归纳汇总，制成文字材料经典案例，在日后给所有的销售讲课的时候教授给她们怎样解决这些问题。提到给销售讲课，我的工作还需要一些勇气，不能怯场。当然也需要日积月累的经验，如果不是我也是从基层的销售干到主管，也许会与销售们有距离。所以必须有基层的锻炼。

问题4：刚参加工作时会有什么培训？

答：刚进入工作，公司会对企业文化和公司产品进行培训，而且产品推新的时候，也会有培训。

问题5：平常在工作方面您每天都干些什么？

答：在办公室中处理各个经销商的问题与销售业绩统计。根据最新的市场销售信息反馈，判断消费者的需求，定期组织市场调研、收集市场信息、分析市场动向、特点和发展趋势，从而确定销售策略，建立销售目标，制定销售计划。

问题6：男女工作者在这份工作上机会均等吗？

答：现在的工作基本是男女平等的了。工作嘛，都是有能者居之。只要自己有这个实力就去勇敢拼搏，你就能够争取到自己想要的。

问题7：觉得现在实现您的人生价值了么？家庭对您的工作满意么？

答：我觉得我已经实现了人生价值，我的人生价值并不多么伟大，只是想让家人温暖就好，只要满足这一点我就心满意足了。家里对我的工作也很满意，我们公司的休假是和国家颁布的放假一致，这使我有充足的时间来陪伴我的家人。

问题8：您对我们大学生有什么建议吗？

答：在学业上，把自己的专业知识学好，无论什么专业，只要它存在就有它的价值，所以不要浑浑噩噩的度过大学时光。在生活中，要吃苦耐劳，用于实践，要知道实践出真知。

第二节　职业生涯

名言警句

如果你们，年轻的人们，真正希望过“很宽阔，很美好的生活”，就创造它吧，和那些正在英勇地建立空前未有的、宏伟的事业的人携手去工作吧。

——（俄）马克西姆·高尔基

案例导入

有两个兄弟，他们一起住在一幢80层的公寓楼里。一天，他们一起去郊外爬山。傍晚时分，等他们爬山回来到公寓楼的时候，发现一件事：大厦停电了！这真是一件令人沮丧的事情。为什么呢？因为很不巧，这两兄弟是住在大厦的顶楼80层。虽然两兄弟都背着大大的登山包，但也是别无选择，哥哥对弟弟说：“我们爬楼梯上去吧。”于是，他们就背着一大包行李开始往上爬。

到了20层的时候，他们觉得累了。这时弟弟提议说：“哥哥，行李太重了，不如这样吧，我们把它放在20层，我们先上去，等大厦恢复电力，我们再坐电梯下来拿吧。”哥哥一听，觉得这主意不错：“好啊。弟弟，你真聪明呀。”于是，他们就把行李放在20层，继续往上爬。卸下了沉重了包袱之后，两个人觉得轻松多了。他们一路有说有笑地往上爬。但好景不常，到了40层时，两人又觉得累了。想到只爬了一半，往上一看，竟然还有40层要爬。两人就开始互相埋怨，指责对方不注意停电公告，才会落到如此下场。他们边吵边爬，就这样一路爬到了60层。

到了60层，两人筋疲力尽，累得连吵架的力气也没有了。哥哥对弟弟说：“算了，只剩下20层了，我们就不要再吵了。”于是，他们一路无言，安静地继续往上爬。终于，80层到了。到了家门口，哥哥长吁一口气，对弟弟说：“快把钥匙拿出来！”弟弟说：“有没有搞错？钥匙不是在你那里吗？”

是的，你没猜错，钥匙被他们留在了20层的登山包里！

案例点评：这个故事其实在反映我们的人生。20岁之前，我们活在家人、老师的期望之下，背负着很多压力，不停地功课、考试、升学，就好像是背着一个很重的登山包，加上自己也不够成熟，所以走得很辛苦。20岁以后，从学校毕业出来，踏上工作岗位，开始自己的职业生涯，自己喜欢做什么就做什么，想怎么做就怎么做。就好像是卸下沉重的包袱。所以说，从20岁到40岁，是一生中最愉快的20年。

到了40岁，人到中年，发现青春早已逝去，但又有很多遗憾，于是开始埋怨，骂老板不识货，怪家人不体恤，埋怨政府，埋怨国家，埋怨社会……就这样在抱怨遗憾中又过了20年。

到了60岁，发现人生所剩不多，于是告诉自己，不要再埋怨了，就珍惜剩下的日子吧。于是，默默走完自己的最后岁月。到了生命的尽头，突然想起：好像有什么忘记了。是什么呢？对，是你的钥匙，你人生的关键，你把你的理想、抱负、关键都留在20岁，没有完成。

你们是不是也要等到40年之后、60年之后才来追悔？想一想，你最在意的是什么？你希望将来的自己和现在有些什么不同？是不是可以做些什么来不让这个遗憾发生呢？合理设计自己的职业生涯，是迈向成功的第一步。你今天站在哪里并不重要，但是你下一步迈向哪里却很重要！

必备知识

一、职业生涯的概念

在西方，“生涯”这个词本身包含有职业的意思，因此生涯和职业生涯用的是同一个单词“career”，在我国则译为“职业生涯”或“生涯”。

一个人从出生到死亡的整个人生经历中，存在着不同的生命周期空间，由社会生命周期、生物生命周期和职业生涯周期。在人的总生命空间中，最重要的、有决定作用的是职业生涯周期，它是人生存和发展的前提条件。从任职前的职业教育培训，到寻求职业，再到就业从业、职业转换、逐步晋升，直到完全脱离职业工作，职业生涯周期占据了人的大部分时间，因此，它对个人及家庭都有着十分重要的意义。

职业生涯是指一个人在一生中经历的所有职业和与职业相关的活动或行为，以及与对待职业的心理需求、人生价值观念等连续性的职业经历相关的过程，它是一个人在其一生中所承担职务的相继历程。它有以下四个方面的含义：

第一，职业生涯是个体的概念，是指个体的行为经历，而非群体或组织的行为经历。

第二，职业生涯是一个系统的动态过程，是一个人一生中在各种职业岗位上所度过的整个经历，职业生涯不仅表示职业工作的时间长短，而且内含着职业变更与发展的经历和过程，包括从事何种职业，职业发展的阶段，职业的转换、晋升等具体内容。

第三，职业生涯不仅仅是一个行为活动的过程，还需要强调态度、价值的方面。要充分了解一个人的职业生涯必须从主观和客观两方面理解：表示职业生涯客观特征的概念是“外在职业生涯”，指一个人在工作时期进行的各种活动和表现的各种举止行为的连续体；“内在职业生涯”则表示职业生涯的主观特征，涉及到一个人的价值观、态度、需要、动机、气质、能力、发展取向等。

第四，职业生涯受多方因素的影响。每个人的职业生涯要不同程度地受到来自社会因素、个人因素、家庭因素的影响。如本人对职业生涯的设想与计划、跟自己有关系的人的理解与支持、组织的需要与人事计划、社会环境的变化等都会对职业生涯有所影响。因此，职业生涯可以看作是多方面因素相互作用的结果。

二、职业生涯的发展阶段

对职业生涯的发展阶段，不同学者有不同的看法，具有代表性的有以下理论：

（一）金斯伯格的职业生涯三阶段论

金斯伯格是较早进行生涯发展阶段划分的学者，他认为，生涯发展可以划分为三个阶段。

1. 空想阶段（11岁前）

这个阶段的个体希望快点长大成人，憧憬引人注目、令人激动的理想化职业。当然这种情感色彩很浓，带有鲜明的冲动性和盲目性，因而具有极大的不稳定性。

2. 尝试阶段（11—17岁）

这个阶段伴随青春期到来，个体开始思考今后的职业和自己所面临的任务，并把这个任务作为奋斗的目标。这个阶段又包括由兴趣、能力和价值观起主导作用的三个时期：

（1）兴趣期，十一二岁时在考虑未来职业时，个人的兴趣占优势；

（2）能力期，十三四岁时个体逐渐认识到自己独立完成工作的能力与职业的关系；

（3）价值期，能力期之后，个体开始认识到职业的社会价值，并试图把兴趣与能力统一到开始形成的价值体系中去，这是职业观形成的重要阶段。

3. 现实阶段（17岁—成人）

这一阶段个体更加注重现实，力求主观因素与客观因素协调统一。这个阶段也可分为三个时期，即：

（1）探索期，个体尝试把自己的选择与社会的需要联系起来；

（2）具体化期，此时职业目标已基本确定，个体开始为之努力；

（3）特定化期，为了实现特定的职业选择，个体准备考入高一级学校，或接受专业训练，准备就业。

（二）舒伯的职业生涯五阶段论

舒伯的阶段划分是被运用较多的一种划分，他在金斯伯格划分的基础上，提出了其五阶段划分方案，把整个人生分为成长阶段、探索阶段、立业与发展阶段、维持阶段和衰退阶段，并介绍了各个阶段的发展特点。

1. 成长阶段（出生—14岁）

这一阶段个体开始发展自我概念，以各种不同的方式来表达自己的需要，经过在现实世界中的不断尝试，来修正自己的角色。这个阶段的任务是发展自我形象，发展对工作世界的正确态度，并了解工作的意义。他把这一阶段又细分为：

（1）幻想期（4—10岁），以“需要”为主要考虑因素，在这个时期幻想中的角色扮演很重要；

（2）兴趣期（11—12岁），以“喜好”为主要考虑因素，喜好是个体抱负与活动的主要决定因素；

（3）能力期（13—14 岁），以“能力”为主要考虑因素，能力逐渐具有重要作用。

2. 探索阶段（15—24 岁）

这一阶段的青少年，通过学校活动等各种活动，对自我能力及角色、职业进行探索，因此这个阶段发展的任务是：使职业偏好逐渐具体化、特定化并实现职业偏好。这个阶段也包括三个时期：

（1）试探期（15—17 岁），考虑需要、兴趣、能力及机会，做暂时的决定，并在幻想、讨论、课业及工作中加以尝试；

（2）过渡期（18—21 岁），进入就业市场或专业训练，更重视现实，并力图实现自我观念，将一般性的选择转化为特定的选择；

（3）试验并稍作承诺期（22—24 岁），生涯初步确定并试验其成为长期生涯的可能性，若不适合则可能再经历上述各时期以确定方向。

3. 建立阶段（25—44 岁）

经过上一阶段的探索，人们在该阶段较能确定在整个生涯中属于自己的“位子”，并在 31—40 岁开始考虑如何保住这个“位子”并固定下来。这个阶段的任务是统整、稳固并求上进。这个阶段又可细分为两个时期：

（1）试验—承诺稳定期（25—30 岁），个体寻求安定，也可能因生活或工作上若干变动而尚未感到满意；

（2）建立期（31—44 岁），个体致力于工作中的稳固，大部分人处于最具创意时期，业绩优良。

4. 维持阶段（45—65 岁）

个体仍然希望继续维持属于他的工作“位子”，同时会面对新的人员的挑战，这一阶段的任务就是维持已有的成就和地位。

5. 衰退阶段（65 岁以后）

个体面对隐退的现实，这一阶段往往注重发展新的角色，寻求不同方式以替代和满足需要。

（三）格林豪斯的职业生涯五阶段论

另一个被广为采用的生涯阶段划分方案是格林豪斯的五阶段论，具体划分如下：

1. 工作准备阶段（典型年龄：出生—18 岁）

这一阶段的主要任务是形成和定义一个职业的自我映像，评估可供选择的职业，试探地进行职业选择，接受未来职业所需要的教育或培训，揭示出关于自己和工作世界的信息。当然人们要评估与所准备选择的职业领域所需要的智力、兴趣、价值观、所需要的生活类型以及需求、机会和报酬。

2. 进入组织阶段（典型年龄：18—25 岁）

这一阶段的主要任务是在其选定的职业领域选择一个工作（job）和组织（organization）。该阶段的积极产出是选择到一个符合其价值观、发挥其智力的工作。

3. 生涯初期（典型年龄：进入组织—40 岁）

人们在成人世界找到了属于自己的小环境，并按照选定的道路努力向前。由于已经选择了一个职业和初始工作，因此这一阶段的突出任务是在自己的生涯领域和组织立足，个体必须不仅掌握其工作所需要的技术，而且必须懂得组织的准则、价值观和期待。生涯初期又可以分为两个阶段：建立期和成就期。建立期的主要任务是领会工作和组织，并且成为组织的有机贡献者。在成就期，个人则应该向上攀升。

4. 生涯中期（40—55 岁）

这一时期有大量的任务，其中有两个是重要的：一是面临中年生活转变，人们要评估业已取得的基于自己雄心和梦想的成就，重新检查工作在其生活中的重要性；二是保持高产，处于生涯中期的人们可能出现生涯高原现象和退化现象，这需要提升他们的技能，发展新的技能，如指导年轻同事的技能。

5. 生涯后期（50 多岁中期—退休）

这一时期有两个重要任务，首先，个人必须保持是组织有成效的贡献者并保持其自我价值的感觉和尊严，但保持多产和自尊经常受到个人变化和社会对老人偏见的影响；其次，生涯后期员工必须接受并计划退休，因此脱离工作并非对个人都是破坏性的。

（四）休普的职业生涯四阶段论

休普将人生职业生涯划分为四个阶段，即试探阶段（25 岁以前）、创立阶段（25—45 岁）、维持阶段（45—65 岁）和衰退阶段（65 岁以上）。在维持阶段又可分为成长与停滞状态，有人在此时期继续成长，有人在此时期停滞不前。这两种阶段模型可以用图 1－1 加以描述：

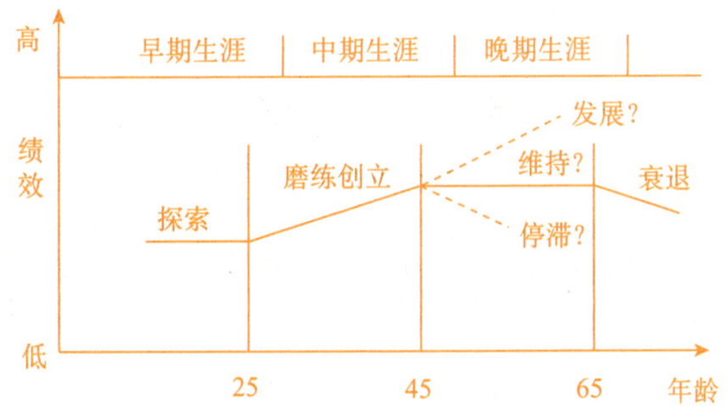

图 1－1　休普职业生涯阶段模型图

由图 1－1 可见，休普的职业生涯四阶段论把职业的选择看成是一个发展的过程。在这个过程中，每一个步骤都与前后步骤有着密切的联系，共同决定着未来职业的发展趋向。同时，人是作为一种生物存在着的，他有着自己独特的生命特征，因此职业选择的趋向必须依赖于个人的年龄和发展，不同年龄和发展阶段的特征与职业生涯的选择和发展是一种相互依赖、相互作用的过程。每个人都是作为不同的个体存在的，不同的个体之间的个性、能力、兴趣不同，当他们即使是面对同一环境时所获得的现实机会也是有很大差异的，因此，当一个人在做出职业选择的时候就必须在个体特征和现实机会之间取得平衡。

上述四种关于职业生涯发展阶段的理论，各有侧重。他们指出，人的职业选择和发展贯穿于人的一生，应根据不同的职业发展阶段实行不同的方式和内容的指导。虽然不同的学者在阶段划分上有所差异，但都认为每个阶段是相互联系的，前一阶段的职业发展情况，关系到下一阶段的职业发展状况，并以“职业成熟”来评判人员的职业成功程度。这些理论注意到人的职业心理处于一种动态的过程中，个人和职业的匹配不是一次就可以完成的，从而从动态角度来研究人的职业行为和职业发展阶段。

（五）国内的职业生涯发展阶段划分

对于职业生涯发展阶段的划分，国内学者持有不同的看法。一般来说，从职业发展的角度去理解人生，可以将人的职业生涯发展分成三个阶段：职位选择阶段、职业阶段、事业阶段。

1. 职位选择阶段

职位是人的职业生涯发展的第一步。一个正常的人，不管学历高低，最终都是要走向职场，通过一个职位从事一份工作，获得生命赖以存活的物质条件。职业院校学生毕业后的就业是职业发展的第一个阶段。

2. 职业阶段

职业相对于职位来说具有较强的稳定性。个体在职业阶段，通过发挥自己的能力为社会创造一定财富，满足社会及公众的一些实际需求，同时个人也会有相对稳定的经济收入，可以满足个体对归属的需求、受尊重的需求和求知的需求。

3. 事业阶段

当一个人找到了自己的职业锚时，他（她）的职业就转变为事业了。所谓职业锚，就是指某个人的职业定位，好比渔夫打鱼，渔夫一般会选择一个相对固定的地方抛锚，因为他觉得这个地方比较可靠，出海比较方便。如果一个人发现某个行业、领域或职业比较适合自己的价值观、能力、兴趣及性格时，他十有八九会把工作当成职业，把职业当成事业，即使没人要他做，他也会自发地做，自愿地做。事业能满足人们对成就与社会责任感的需要。

拓展阅读

珍惜你职业生涯的前5年时间

多高的墙多深的基，职业发展的关键在前五年。针对成功经理人的调查发现，他们中近87.1%的职业生涯呈现这样的轨迹：前2—4年处在基层职位，第5—6年初任主管，第7—9年出任经理或高级经理，第10—12年任总监或副总，第13—20年间坐上总经理的位置。

根据职业生涯发展的客观规律，在此为你介绍前5年工作的主要任务。

工作第一年：初入职场，褪尽青涩

告别校园，如何由学生转型为独立的职业人，这是工作第一年的首要任务。作为职场新人，需要克服个人想象与社会、公司实际情况的落差所带来的不安全感，以适应企业软硬环境，掌握工作的规则和程序；在听从上司、同事指导与管理的同时，获得公司及他人的认同。这好比蛹蜕变为蝶的历练，工作第一年的心路发展过程是艰辛的，但结果却是美好的！

工作第三年：明确定位，术业有专攻

工作到了第三年之后，你便成为独立的职业人，应该在公司内部找到成为某一方面专才的定位。如果说，大学毕业选择的第一份工作有其偶然性与盲目性；工作两三年后，你应该能够根据自我认识、发展潜能重新评估自己的职业目标与方向。如果在这一阶段，你发现自己不适合当前的职业或对现有的工作没有兴趣，及早转换职业是上上策。

奕庭在江苏昆山工作，目前这份工作让她睡不好、吃不好，就像患上了职业恐惧感，害怕上班、担心看到老板……

奕庭大学毕业进入公司后，她从前台做起，辗转于仓库管理、生管助理、厂长助理、行政人事主管、客户服务主管、iso 内审员等岗位间；在 3 年间，转换的工作角色多达 7 个，可谓事无巨细、事必躬亲。正如她自己所言："我感觉自己就像一块抹布，哪里需要往哪里抹；一旦公司有了合适的人选，我必定会隐身幕后，因为他们的确比我专业、能干！"可见，奕庭的职业恐惧感来自于：3 年来始终没有明确自己专攻的方向、应积累的相关工作经验与专业知识，"东一榔头，西一棒锤"所导致的直接后果就是没有打好长期、可持续发展的"职业地基"。

奕庭如何才能帮助摆脱职业恐惧感的缠绕呢？也就是说她适合从事什么样的职业？职业发展的路径怎样？

获得诺贝尔物理奖的丁肇中说过："兴趣比天才更重要。"实践也证明，在影响人们职业生涯发展的众多主观因素中，兴趣就像一双无形的手，所起的作用是最大的。那么，奕庭的兴趣是什么？她喜欢从事培训、指导、激励或与人沟通的工作；喜欢在众人面前表现，人越多表现的欲望越强烈；与任何一种类型的陌生人打交道，她都能游刃有余。基于奕庭的职业兴趣与个性特质，职涯发展顾问为她描绘了职业发展路径图，即从印刷、培训、快递、办公用品等行业的销售代表或客户服务出发，经销售主管、区域销售经理等职位，最后到达销售总监的位置。

现在，奕庭已离开昆山，接受了上海一家台资办公家具公司的 Offer Letter。

工作第五年：专家 vs 管理，孰轻孰重？

时光荏苒，你已成长为主管，由一个"劳力者"转变为"劳心者"，不再拘泥于"二传手"的角色；主要任务是培训他人，提出建议，与企业内其他部门接触，领导、管理项目小组工作。

但调查结果显示，近 70.4% 的职业人跌倒在"职业长跑"的第五六圈中，因为这个阶段需要学会为他人负责，从他人的成功中获得满足。在这个阶段，如果你不能承担管理角色的话，应该确立作为某个领域专业人士的角色，并从横向发展中获得机会。

的确，并不是每一个人都能扮演好管理者的角色，就像本色演员与性格演员一样，两种角色的差异常常令"贪心"者两头不讨好。顾旻就是这样，他困扰于是走技术研发道路呢，还是冲刺管理职位？通过个性类型、就业倾向诊断与测试，顾旻表现出研究型与传统型的个性特征。也就是说，顾旻喜欢需要思考、分析和创造性的工作；同时，他不喜欢扮演"恶人"，希望与其合作的员工能有序、自主地完成各自的工作。因此，根据顾旻个性偏好、职业满足感的特点，其职业生涯发展方向最好确定和塑造为被人公认的专业人士。

（资料来源：中华英才网）

职业生涯体验

一、职业体验活动要求

1. 每位同学主动利用业余时间寻找一个自己感兴趣或与自己专业相关的工作岗位进行体验。

2. 体验的时间至少在4个学时以上，鼓励同学们多体验。

3. 任课教师需要同部分体验单位指导者联系，了解学生体验情况。

二、职业体验报告的写作指导

（一）职业体验报告内容应包括

1. 体验单位的名称及详细的体验时间、地点等。

2. 体验目的。

3. 具体体验过程及描述。

4. 专题报告结论、建议、心得体会，或是您在此次实践中感到不足的部分。

5. 体验活动的相关证明材料。主要是能够证明您认真完成职业体验的一些材料，这体现在活动准备材料，体验活动照片，活动过程的相关资料，关于体验活动的媒体报道等。

（二）职业体验报告的书写格式及提交要求

1. 封面：作业的名称。填上自己的姓名，自己所在的学院、班级名称、学号、体验单位相关信息。

2. 格式：中文请用宋体，内容全部采用 Word 文档在电脑上输入、编排和打印，一律用 A4 纸型打印。文字图形一律从左到右横排。标题部分用小二号黑体，正文小四号字，1.5 倍行距。请同学们用规定的格式打印；排版时，请切记应本着层次感、条理性的原则，以使您的作业条理清晰、整洁明了。打印出来的作业要求有正式的封面和页码，请学生自己装订好。

3. 提交要求：职业体验报告电子版本、书面版本各1份，由学习委员统一收齐，并在规定时间内交给任课老师。任课教师把成绩录入教学管理系统，并把职业体验报告与成绩单送到教研室。在学生上交的报告中，如发现雷同、抄袭、造假、捏造等情况，将以零分记分。

三、职业体验活动流程图

确认准备体验的工作岗位——查找体验单位信息——联系体验单位——确定体验时间——体验过程（记住要拍工作照）——撰写体验报告——装订好所有应提交的材料

第三节 职业生涯规划

名言警句

所谓天才，只不过是把别人喝咖啡的功夫都用在工作上了。

——鲁 迅

案例导入

赵先生3年前从南京一所高校研究生毕业后，学药学专业的他就比较顺利地进入一家公司担任生产监督，在这个公司里，赵先生应该算是中层领导了，虽然专业比较对口，可是在这家公司赵先生做得并不开心，除了薪水还差强人意外，在人际、发展空间等方面赵先生并不满意。工作了大概两年多的时间，当他看到和自己一起毕业的同学都混得比自己好的时候，原本还有点犹豫的辞职想法就更加坚定了。当时的他觉得凭着自己的学历和经验，找一份满意的工作应该没有问题。可是当重新开始找工作的时候，才发现现实与自己的预想始终存在着很大的差距，找工作困难重重。找了将近一个多月仍然未果后，赵先生就有点心浮气躁了，最后在同学的帮助下，他到了一家杂志社担任编辑。在这个与自己所学专业相差十万八千里的新岗位上，赵先生没做多久就因为不能胜任而自动辞职了。之后赵先生就过上了不安分的“跳蚤生活”。在短短一年的时间里，就已经换了7份工作，来到独之秀时他刚刚从第8份工作辞职。此时的他已经迷茫到极点，心里的焦躁也与日俱增，他不知道自己下一步该怎么走？

案例点评：像赵先生这样的早年研究生，比别人在学历上是有优势，可是未必就能在职场上事事顺利。因为作为研究生，学历的光环使得他们不甘心随随便便找份工作，可是真正适合自己的工作又可遇不可求，于是就像赵先生那样，陷入了求职的困惑中。毋庸置疑，学历是一个门槛，但绝不是唯一的“就业资产”，除了一些自我的内在优势外，领域内的专业知识更是必要条件。如果只是随波逐流，看别人怎么样自己也跟着怎么样，而不对自己进行科学的分析评估，忽略了本身的实力、兴趣和对未来的规划，很可能会得不偿失。就像案例中的赵先生，正是因为他的盲目择业，才导致一年里换8份工作的惨状，浪费了职业生涯里整整一年的黄金时间。当你遇到职场困惑的时候，一定要冷静地想好，明确自己要走的可行性的职业发展道路，只有稳扎稳打了，才能早日接近成功！

必备知识

一、职业生涯规划的概念

西方著名的管理学家诺斯威尔首先提出职业生涯规划的概念，职业生涯规划是指个人通过与组织的结合，根据主客观条件对自己的职业生涯进行测定、分析、研究和总结，尤其是在对自己的兴趣、爱好、个性、能力、价值观、特长、经历以及存在的不足等各方面进行综合分析的基础上，确定适合自己的职业奋斗目标，并为实现这个职业目标做出行之有效的安排。例如，做出个人职业的近期和远景规划、职业定位、阶段目标、路径设计、评估与行动方案等一系列计划与行动。

职业生涯规划的目的不仅仅是帮助个人按照自己的资历条件寻找到一份合适的工作、在现实中达到个人目标，更重要的是帮助个人真正了解自己，为自己定下事业大计，筹划未来，拟订一生的发展方向，根据主客观条件设计出合理且可行的职业生涯发展方向。因此，职业生涯规划具有以下特征：

（一）个性化

职业生涯规划针对的是个人，个人是职业生涯规划的主要角色，由于每个人的成长环境、文化背景、性格类型、受教育程度等的不同，不同的学生有不同的特点与个性，因而各人的规划也应不尽相同。

（二）开放性

一份有效的职业生涯规划，不仅要建立在对主客观因素审时度势的基础上，而且还要多方征求意见，博采众长，听取别人合理的建议。

（三）动态性

职业生涯规划是一个不断反馈、不断调整、不断修订的过程，随着环境的变化和个体的自省，职业发展方向也需要不断重新定位，实现路径需要不断重新调整。从这个意义上讲，规划职业生涯也是个动态的过程。

（四）长期性

职业生涯规划不同于就业指导，它关系到一个人一生的发展，具有很强的相关性与连续性，这就要求职业院校学生进行生涯规划时必须考虑长远，规划时间维度长一些，才能巩固职业生涯规划的成果。

（五）连续性

职业生涯规划是一项连续而又系统的工作，就广义上而言，职业生涯贯穿人的一生，在个体走上工作岗位之前的所有时光都是个体为职业做准备的时期，而大学阶段进入一个专业学习阶段尤其显出其职业预备期的特点。因此，职业院校学生职业生涯规划不仅仅是大四阶段的工作与任务，职业院校学生职业生涯规划应当贯穿大学四年，分阶段、分任务逐级做好职业院校学生的职业生涯规划。

（六）可行性

职业生涯规划是一套解决学生个体能力与职业发展需求之间矛盾的操作方案，确定行动方向、行动时间、操作方法时必须结合学生个体特点，具有可行性和易操作性。可行性指的是规划要有事实依据，要充分考虑到自身的条件和外在环境的约束，制定切合实际的职业计划。这就需要职业院校学生加强自我认知能力，对自己进行全面客观的定位，并对外界条件进行仔细分析，选择适合自己并且也能够实现的职业目标，而不能只是自己个人美好的愿望或不着边际的梦想，否则将会延误生涯良机。

（七）适时性

适时性是指规划要根据各学期、各阶段的情况特点，合理安排实施。规划是预测未来的行动，确定将来的目标。凡事预则立，不预则废，因此各项主要活动何时实施、何时完成，都必须有时间和时序上的妥善安排，以作为检查行动的依据。

（八）前瞻性

职业院校学生今后的生涯道路和即将面对的职业世界是非常广阔的，因此，职业院校学生的职业生涯规划要具有前瞻性。职业院校学生在自我定位和选择职业生涯发展道路之前，必须知道摆在面前的职业生涯道路的各种可能性，知晓未来的职业世界。只有这样，才能在自我认识的基础上做好自我定位并选择好一条适合自身特点的职业生涯发展道路。

二、职业生涯规划的意义

合理的职业生涯规划，是职业院校学生迈向成功的第一步。在职业教育改革日益深入的今天，国家和社会越来越关注职业院校学生的就业问题，职业院校毕业生能否顺利就业，不只是职业院校毕业生个人的事情，而且也关系到国家的人才资源配置等方面的问题。职业生涯规划对于职业院校学生具有重要的意义。

（一）职业生涯规划可以帮助职业院校学生确认学习方向

中职和高职期间是人生中知识储备、性格成熟、人生成长关键的时期。职业院校学生运用职业生涯规划的方法和技术，能够帮助职业院校学生全面认识自我，了解社会，找出自己在知识、能力等方面与社会要求的差距，进而明确人生目标，形成高品质的人生价值追求，并以积极进取的人生态度面对生活。

（二）职业生涯规划有利于职业院校学生建立科学的择业观

职业生涯规划的重要前提是认识自我，职业院校学生通过职业生涯规划认识自我、了解自我，才能有针对性的明确职业方向，而不盲目化。认识自我是对自我深层次的解剖，了解自己能力的大小，明确自己的优势和劣势，根据过去的经验、经历，选择推断未来可能的工作方向，从而彻底解决“我想干什么”和“我能干什么”的问题。

职业生涯规划能引导职业院校学生对其个人职业生涯的主客观因素进行分析、总结和测定，使他们能够正确地认识自身的个性特质，帮助他们重新对自己的价值进行定位，引导他们评估个人目标与现实之间的差距，树立与自己主客观条件最匹配的职业定位，从而避免在择业当中出现各种高不成、低不就，最后只好盲目就业的现象。

（三）职业生涯规划可以提升职业院校学生应对竞争的能力

通过职业生涯规划，可以帮助职业院校学生学会运用科学的方法，采取可行的步骤与措施，有针对性地进行学习及参加各种相关的培训和实践，充分发挥个人的长处，努力克服缺点，挖掘潜在的能力，不断增强其自身的职业竞争能力，从而实现自己的职业目标与理想。

（四）职业生涯规划有利于职业院校学生实现成才目标

职业院校学生过去常常缺乏对社会、对外部职业咨询的了解，不能根据社会和职业的需要适时合理地调整自己的职业目标与行动计划，因而在职业竞争中容易处于劣势。在职业生规划的过程中，职业院校学生不断地获得外部信息，这些信息包括职业、组织、社会等多方面，学生获得的外部信息越多，心理上的准备也就越充分，在规划自己未来发展的时候，就能够根据社会的需要，考虑眼前利益和长远发展的需要。通过有效的职业生涯规划，可以使职业院校学生认识到自身的个性特质、现有潜在的资源优势，帮助学生认识自身的优势和劣势并进行对比分析，着力培养某些职业特质，制订合理的行动计划，并为获得自己认为理想的职业而去做各种准备。

（五）职业生涯规划有利于促进职业院校学生的全面发展

职业生涯规划则可以通过确立职业目标，规划职业生涯的发展，开发人的潜能，培养职业院校学生积极的生活态度，培养他们的自立、自主精神，促使他们根据社会需求信号和自身条件努力学习，提高文化水平和专业、职业能力水平，激励他们的进取精神，鼓励其通过自己的学习和劳动取得成就，从而实现人的全面发展。

三、职业生涯规划的原则

职业院校学生在进行职业生涯规划时，应遵循以下基本原则：

（一）职业生涯规划应坚持及早性与兴趣性原则

职业院校学生的职业生涯规划应早进行，宜未雨绸缪，勿临渴掘井，要做一个成才的明白人，就要从走进大学第一天开始，接受有关职业规划的理念，有意识地培养自己的职业发展规划，找到适合自己的就业方向。在做职业生涯规划时，还要考虑本人的职业兴趣，例如：喜欢旅行（适合于经常出差的职业）；喜欢温暖湿润的气候（适合在华南工作）：喜欢自己做出决定（应该自己做老板）；喜欢住在中等城市；不想为大公司工作；喜欢穿休闲服装上班；不喜欢整天在桌子后面工作，等等，应该根据自己的兴趣设定职业生涯规划。

（二）职业生涯规划必须坚持循序渐进的原则

职业院校学生应根据自己的实际情况，从基层做起，从基础做起，逐步积累经验，循序渐进，谋求发展，这样的定位才是较科学的。大学期间学生在不断的成长和成熟，因此对职业院校学生的职业生涯规划也应循序渐进，而不能采取一步到位的方式。其结果会直接关系到职业院校学生职业生涯规划的科学性和可行性。

（三）职业生涯规划必须与社会需求相结合

职业是社会的分工，而择业也不能脱离社会的需求和市场的需要，个人职业的选择必然把个人的需求与社会的需要有机结合起来。如果择业脱离社会的需求，将很难被社会接纳。职业院校学生职业生涯规划要把握社会对人才需求的动力，以社会需求作为出发点和归宿。

（四）职业生涯规划必须与所学专业相结合

老虎不能离开山岗，苍鹰不能离开天空，蛟龙不能离开大海。同样，一个人要实现自身的最大价值，也离不开自己的专业知识。每一个职业院校学生都有自己的专业，每一个专业都有一定的培养目标和就业方向，经过大学阶段的学习，职业院校学生都具有某一领域专业的知识和技能，这是每一个人的优势所在。而且，用人单位在招聘过程中，首先要考虑职业院校学生所学的专业。因此，职业院校学生在进行职业生涯规划时，应以所学专业为依据。否则，如果所从事的职业不是自己所学的专业，在参加工作后就要重新“补课”，这无形中为自己的工作和生活增加了许多负担，对个人职业发展是极为不利的。

（五）职业生涯规划必须与增强身心健康、提高综合能力相结合

千变万化的社会要求职业院校学生要有健康的体魄和良好的心理素质。古希腊哲学家赫拉克利特曾指出“如果没有健康，智慧就难以实现，文化无从施展，力量不能战斗，财富变成废物，知识也无法利用。”职业院校学生在人生选择与实践过程中，应培养和锻炼自己对挫折的承受能力和情绪调控能力，增加生活的磨练与体验，以正确的人生态度对待困难和挫折。

知识经济时代是崇尚创新、充满创造力的时代，职业院校学生应养成推陈出新、追求创意和以创新为荣的意识，要有广博的视野、掌握创新知识以及善于开创新领域的能力，树立终身学习的思想观念，不断更新知识结构，注重个性发展，与他人友好合作，更好地应付知识经济时代的各种挑战。

拓展阅读

职业规划指导

一、发挥你的优势

也许你没打算一辈子靠你的专业吃饭，或许你不喜欢你的专业，但是在当下，你的专业是你与他人相比最大的优势，你要把你最擅长的优势发挥到极致，才能在你不太擅长却最喜欢的领域去和别人竞争。然而现在很多人却放弃自己的优势，在自己不擅长的领域仅凭热情和理想去和别人竞争。

二、先放弃，才能向前走

实现梦想的过程中，势必是会有犹豫困惑彷徨的，这很好理解，如同爱上一个人，你深深地爱着他，但是你会每天 24 小时爱他，持续 5 年、10 年吗？在人生的某个节点或某一刻，你也许会问自己，他真的就是我这辈子想找的人吗？梦想也是这样，尽管车轮在梦想的大方向上滚滚向前，但是偶尔遇到些障碍物，你可能也会重新思考方向是否正确。在做一份不那么喜欢的工作时，你要知道这份工作中，有哪些内容和能力是可以转换到你真正想要做的那件事情上的，然后就充分积累这方面的内容和可转换能力。这样将来当你有机会去做你真正感兴趣的工作时，就会比较得心应手了。

三、不要为了逃避找工作而读研

官本位的思想还依然存在于很多人的心中，“万般皆下品，唯有读书高”，“十年寒窗无人问，一朝成名天下知”，认为知识改变命运，教育改变命运，以为研究生一定比本科生更好找到工作。在美国情况正好相反，最好找工作的是大专生或者是技校的学生，然后是本科生、研究生，最难找工作的是博士生。这是为什么？因为美国是资本主义社会，它的特点是企业是要追求剩余价值，追求利润的。一份工作能用技工做，就不会用本科生。因此，常常在外企招聘时看到这样的情况，你觉得你很优秀，但是人家不录取你，因为你超出他们对这个岗位的要求太多了，叫 overqualified，人家觉得没必要，可能还得给你更高的薪水，就算你说你心态好，不要高薪，可以重头做起，但是你可能没考虑到周围的人，你会给别人带去很多压力，人家也许会想，这个博士生干嘛要和我们这些本科生抢饭碗呀。

四、生活中“走弯路”是必要的积累

人生是否可以被规划？我个人认为，想有一个成功的规划，并按部就班地去按计划实行基本上是不可能的，因为人永远不知道下一秒钟会发生什么，计划赶不上变化。年轻的时候，我们很多情况下甚至连自己都掌控不了，何谈掌控周围的环境。我眼中的成长，其实就是个不断增强对自己的掌控能力的过程，这也是成熟的标志和表现；年轻时，我们拥有的资源非常少，所以掌控能力自然也会较弱。所以，成长还是一个获得更多责任、增强对外部掌控能力的过程。

那么，在这种情况下，如何去规划人生？就像解数学题，如果有定量，有变量，你可以用一些不变的去推算变化的。但如果全是变量，你如何去计算，那就是通过假设模拟不同的情境。虽然一个人也许不知道三五年之后具体要做什么或者在做什么，但应该清楚什么类型的工作是你喜欢的，什么是你不喜欢的，至少要对行业和领域有个大方向的把握。

五、知道自己不喜欢什么，也是迈向成功重要的一步

什么叫做进步或者成功？不光是清楚地知道自己喜欢什么才算进步，明确知道自己不喜欢什么也很重要。人生就像选择题，选对正确答案有几种方法：直接选对正确的，排除掉错误的，或者绝望后抽签决定。生活中的选择也是如此，不要忘了排除法。怎么去排除？就是大量去做不同的尝试，在做具体的事情的过程中，你会发现喜欢和不喜欢的部分。

职业生涯体验

我的职业方向在哪里？

下面 10 个问题，请你根据当前情况，对问题做出回答，并评分，然后计算分数：（计分法：是，3 分；不好说，1 分；不是；－1 分）

1. 我知道自己的工作目标是什么
2. 我认为自己可以达到制定的工作目标
3. 我可以在一个岗位上工作 3 年以上

4. 我知道自己适合做什么工作
5. 我对目前的工作很感兴趣
6. 我正在全力以赴向工作目标努力
7. 现在做的工作比较喜欢也很感兴趣
8. 我对自己的工作目标有足够的信心
9. 我在工作中能找到很多乐趣
10. 我觉得认真工作在哪里都有发展

如果你的分数 >16 分

您目前的职业方向感处于上佳状态，您目前有比较清晰的职业方向，尽管在职业方向上也会有暂时的迷茫，但相对大多数人来讲，不太容易被无关因素干扰；您为自己确定了比较高的职业目标，并处于积极进取状态；也许您的追求和别人的不同，但是您有很强的自信心，您追求内心认可的成就感；如果您是具有丰富经验的人，这显示出您具有很强的发展潜力；如果您是一个经验不丰富的人，这显示出您具有很强的工作热情，您还需要保持下去；您的方向如果和企业的方向一致就会发挥优势，如果和企业方向不一致就可能变成劣势，您要注意审时度势，以保持良好的方向感和不同寻常的奋斗精神，但是结果并不一定如您所愿，不同行业、不同团队、不同的职业规则会带来不同的结果。

如果你的分数位于 10—16 分之间

你目前的职业方向感处于一般状态，和大多数人一样，您有自己的职业追求，但是您还没有确定清晰的方向，可能您还在犹豫不决，可能您不知道如何确定，也可能您不愿展露锋芒；您的这种状态比较容易受到外界的干扰，容易出现理想和现实的冲突，在一个相对顺利的环境里，您比较容易激发出活力，而在一个不太顺利的环境中，您需要不断地平衡自己的状态。

您处于一般的自信心水平，本来您可以争取更大的成绩，但是您可能主动或者被动地降低了对自己的期望；您的状态可以应对正常的工作要求，但是在一个竞争激烈的环境中，可能会有一些心力不足的感觉。

如果你的分数 <10 分

您目前的职业方向感处于不佳状态，您的职业方向不够清晰，经常会不知道自己要什么，可能您内心不在乎，可能您有些消极，也可能您对各个方向产生怀疑；您的职业目标有些游移，自信心不足，或者缺乏成就感，您不愿为自己设立高目标，前进的道路上动力不足，常会陷入进退两难的境地；您的状态如果是已经形成很长时间了，就需要引起特别的注意，因为它会深深地影响您的职业发展；您需要在专家的帮助下对目标和价值观进行澄清，以确定“是否需要”以及“如何”改变您的状态；如果是近期出现的，建议您尽快着手加以调整和改善。毕竟从整个社会的价值观角度来看，清晰的方向感对于个人的生活和发展是有益的。

第二章
发现职业趣向

学习目标

通过学习，帮助学生运用正确的方法探索全面地了解自身的兴趣特点，明确兴趣对生活、职业的影响，并能够依据职业兴趣的养成途径，结合所学专业制订自己的职业兴趣养成方案。

第一节　学会自我评估

名言警句

知人者智，自知者明。胜人者有力，自胜者强。

——老　庄

案例导入

案例一： 杭州某高职院校文秘专业的学生小陆在实习阶段急于找工作，也没有对自己进行比较深入的分析，发现学校附近的服装店正在招营业员，薪水很高，还包吃住，于是经过简单的面试就直接上岗工作了。工作了几个月后，她发现销售并不是她所喜欢的，而且也看不到职业发展的前景。毕业实践指导老师在阅读了她的实习周记后，及时与她进行了沟通，并帮助她进行了性格测试和就业心理分析，结果显示她还是更加适合办公行政管理方面的工作，与所学的文秘专业也比较符合。经过慎重的考虑，小陆辞去了营业员的工作，以秘书岗位为重点，找到了一份实习薪水虽然不高，但是很有发展空间的工作。由于专业知识扎实，工作也认真仔细，受到了单位领导的认可，实习期过后顺利转正，并被赋予了更重要的责任。小陆坦言，虽然工作压力很大，但是喜欢这种学有所用的感觉。

案例点评：求职和择业之前充分了解自己是非常重要的。许多职业院校学生在面临职业选择和职业定位的时候，都多少存在着这样的困惑：我正在找工作，但面对房地产、食品、IT 等诸多行业，我不知道究竟该选择哪一行；我想毕业后先从销售做起；我毕业后打算尝试一下自己所学专业以外的行业，现在想利用课余时间多学一点知识以便为将来就业做准备，但是我又不知道自己将来究竟做什么，现在应该朝哪个方向努力；甚至有些学生可能说，我马上要毕业了，但现在忽然发现自己什么都不精，感觉自己什么都不能做……因此在求职和择业过程中存在着很大的盲目性。当职业院校学生面临以上这些困惑的时候，可以向老师、父母、同学等寻求相关的帮助和支持，对自己的学业和未来职业生涯的取向有一个明确的认识和判断。

案例二：张某，男，园林技术专业学生。张某父母均在某市园林部门工作，父母出于就业等方面的考虑，很希望自己的子女今后也能进入园林系统，于是第一志愿为孩子填报了园林技术专业。

开学一个多星期后，小张向学校提出希望能够调整专业，反映自己对于学习园林技术专业没有任何兴趣，也学不进去。当初高考的时候，自己一直坚持报考广告设计类专业，但与父母的愿望相矛盾，最后他父亲发火，硬是押着他来学校的。但是通过一个多星期的学习，他根本就听不进老师上课所讲的，他担心期中考试无法通过，请求调整专业，如果无法调剂，他宁可选择退学。但由于招生政策的限制，广告设计与制作专业属于艺术类，张某属于普通类考生，专业无法调剂。另外，其父母坚决不同意孩子调整专业。

职业规划师通过和张某的进一步沟通，发现小张对于自己未来的发展有着一个较为清晰的认识。他的理想就是能够成为一名很出色的设计师，而且在交谈中发现，张某排斥园林技术专业的原因有一部分来自父母。因为从小到大，他的一切都是父母安排好的，几乎没有一点自由选择的空间。另外，张某对于自己所学专业的认识还存在很大的误区。其实近年来，高新技术的广泛应用，推动了园林事业的迅速发展，如计算机技术和现代信息技术在园林规划设计中的应用已达到一定的普及程度。而园林技术专业的园林制图、园林美术、园林规划设计、计算机辅助设计等主要专业课程，都需要一定的设计理念和美术功底，在这方面小张具有很大的优势。张某需要做的是，把个人兴趣和专业紧密结合起来，通过暑期的观摩实习等工作，建立自己对于园林设计师职业岗位所需的能力结构，确定自己的选修课与自学内容，进一步补充相关学科的知识。

案例点评：大学生在个人兴趣与所学专业方面的巨大落差，实际上是很典型的职业生涯管理的问题。通过大学生职业生涯设计，帮助大学生充分的认识自我，了解自我，激发出学生本人兴趣。其实每个人都有巨大的潜能，人生的辉煌，莫过于最大程度地发挥自己的潜能；一个人如果按照自己的潜能优势来确定发展方向的话，最容易成功，最容易实现自我价值，最容易感受到人生的幸福和满足，对社会的贡献也最大。

必备知识

职业院校学生在进行职业咨询和职业生涯规划时，首先从问自己是谁开始，然后顺着问下去，共有5个问题：

Who are you? 你是谁？

What you want? 你想干什么？

What can you do? 你能干什么？

What can support you? 环境支持或允许你干什么？

What you can be in the end? 最终的职业目标是什么？

回答了这五个问题，找到它们的最高共同点，你就明了了自己的职业兴趣和职业生涯的发展意向，这就是职业生涯规划中常常采用的“五W”的思考模式。

一、自我评估

自我评估在对个人职业生涯规划起着基础性的核心作用。它重点是评估分析自己的性格、兴趣、能力、人生目标、工作环境偏好、工作与闲暇活动偏好等，目的在于“知己”，如古人言：“人贵有自知之明”。

个性特征包括个性倾向性（需要、兴趣、动机等）、个性心理过程（认识、情感、意志等）以及个性—心理特征（能力、气质、性格等），它是影响就业、择业倾向以及与职业相适应的重要因素。或者说，这些都影响到职业生涯规划中的一个重要环节即职业定位或曰职业生涯目标的确立。

（一）性格与职业

1. 性格的概念

性格是指表现在人对现实的态度和相应的行为方式中的比较稳定的、具有核心意义的个性心理特征，是一种与社会相关最密切的人格特征。表现为对现实的态度特征、情绪特征、理智特征、意志特征。对性格定义的理解应注意以下三点。

（1）性格是人对现实的态度和行为方式概括化与定型化的结果。人对现实的态度就是对社会、对集体、对他人和对自己的看法和评价，是一个人的世界观、人生观的集中体现。人们生活在社会中，不可能不对各种有关事物产生一定的看法，做出一定的选择，采取一定的行为方式，这个过程就是性格的表现。例如，“孔融让梨”反映了谦让、利他的性格特点；“守株待兔”反映了一个人懒惰、愚顽的性格特点。可见，性格的态度体系并不是孤立存在的，人对现实的态度总是自觉地渗透到人的生活和行为方式中，那些对社会、对工作、对他人抱积极态度的人，在生活中总是为人热情、坦诚，工作认真、勤恳；而对现实持消极态度的人却时常表现吝啬、斤斤计较、不负责任、独断专行等。人们对现实的态度和与之相适应的行为方式共同构成了人的性格。

（2）性格指一个人独特的、稳定的个性心理。性格有很大的个别差异，每个人对事物的看法都自成体系，行为表现也有其独到之处，这是由每个人的具体生活条件和教育条件不同所致；性格又是比较稳定的，因为它是人对事物的态度、行为方式的概括化和定型化的结果。在某种情况下，那种属于一时的、情境性的、偶然的表现，不能构成人的性格特征。例如，一个人在偶然的场合表现出胆怯行为，不能就此认为这个人具有怯懦的性格特征。也就是说，性格必须是经常出现的、习惯化的、从本质上最能代表一个人个性特征的那些态度和行为特征。因此，如果我们了解一个人的性格，就能预料他在某种情况下会表现出什么样的态度和行为。在“空城计”中，诸葛亮由于掌握了司马懿多疑寡断的性格，才敢于空城设疑等援兵，最后取得胜利。性格的稳定性又不是绝对的，性格还有可塑的一面，除了重大事件的影响外，性格的改变一般都要经过较长时间的环境影响和主体实践。

（3）性格是个性特征中最具核心意义的心理特征。性格在个性特征中的核心地位表现在两个方面。一方面，在所有的个性心理特征中，惟有人的性格与个体需要、动机、信念和世界观联系最为密切。人对现实的态度直接构成了个体的人生观体系，人的各种行为方式也是在这种态度体系的影响和指导下逐渐形成的。人的性格受社会行为准则和价值标准的评判，所以有好坏之分，这一点是与气质有明显区别的。另一方面，性格对其他个性心理特征具有重要的影响。性格的发展规定了能力和气质的发展，影响着能力和气质的表现。成语中的“勤能补拙”，就说明性格对能力有巨大作用；某一种气质的消极方面，也可以通过性格的优点加以改造或掩盖。总之，具有良好性格品质的人能最大限度地发挥自己的聪明才智，适应现实生活。

2. 性格—职业匹配

世界上没有两片完全相同的叶子，人的性格也是如此。心理学家们以各自的标准和原则，对性格类型进行了分类，最具代表性的观点是：

（1）从心理机能上划分，性格可分为情绪型、意志型和理智型。

①情绪型性格：通常表现为情感反应比较强烈与丰富，不喜欢单调的生活，对新生事物很有兴趣，行为方式带有浓厚的情绪色彩，比较适合艺术性、服务性质的行业。

②意志型性格：通常表现为行为目标明确，行动方式积极主动，坚决果断，比较适合经营性或决策性的行业。

③理智型性格：喜欢思考周密，善于权衡利弊得失，有较成熟的观点，一切以事实为依据，重视调查研究，比较适合选择管理性、教育性和研究性的行业。

（2）从心理活动倾向性上划分，性格可分为内向型和外向型。

①内向型：内向性格的人，更多地将注意力指向于自己的内心世界，内心世界丰富，沉着、安静、谨慎，具有计划性、规律性、安全性、逻辑性、周密性强的特点，但一般应变能力较差、不善交际、易自卑、爱计较小事。内向型性格适合做文字性和稳定性的工作，如作家、科学家、程序员等。

②外向型：外向性格的人，经常对外部世界给与更多关注，开朗、活泼、外露、果断、不拘小节，具有独立性、活动性、协调性、现实性、开放性、灵活性强的特点，但时常以兴趣和情感为转移、缺乏计划性和坚持性。外向型性格的人适合从事社交性、活动性的工作，如人事顾问、管理人员、律师、记者、政治家、推销员、广告人员等。

（3）根据人们不同的核心价值观和注意力焦点及行为习惯的不同，把人的性格分为九种，称为九型人格。

①完美型——完美主义者：有极强的原则性、不易妥协、常说“应该”及“不应该”、黑白分明、对自己和别人要求甚高、追求完美、不断改进、感情世界薄弱；希望把每件事都做得尽善尽美，希望自己或是这个世界都更进步。时时刻刻反省自己是否犯错，也会纠正别人的错。

忍耐、有毅力、守承诺、贯彻始终、爱家顾家、守法、有影响力的领袖、喜欢控制、光明磊落。

②助人型——给予者：渴望别人的爱或良好关系、甘愿迁就他人、以人为本、要别人觉得需要自己、常忽略自己；很在意别人的感情和需要，十分热心，愿意付出爱给别人，看到别人满足地接受他们的爱，才会觉得自己活得有价值。

温和友善，随和，绝不直接表达需要，婉转含蓄，慷慨大方，乐善好施。

③成就型——实干者：强烈好胜心，常与别人比较，以成就衡量自己的价值高低，着重形象，工作狂，惧怕表达内心感受；希望能够得到大家的肯定。是个野心家，不断地追求有效，希望与众不同，受到别人的注目、羡慕，成为众人的焦点。

自信、活力充沛、风趣幽默、满有把握、处世圆滑、积极进取、美丽形象。

④感觉型——浪漫者：情绪化，追求浪漫，惧怕被人拒绝，觉得别人不明白自己，占有欲强，我行我素生活风格；爱讲不开心的事，易忧郁、妒忌，生活追寻感觉好；很珍惜自己的爱和情感，所以想好好地滋养它们，并用最美、最特殊的方式来表达。

易受情绪影响，倾向追求不寻常、艺术性而富有意义的事物，多幻想，认为死亡、苦难、悲剧才是极具价值和真实的生命、对美感的敏锐可见于独特的衣着，及对布置环境的品味显出他的独特性、极具创造力、过分情绪化、容易沮丧或消沉。

⑤思考型——观察者：冷眼看世界，抽离情感，喜欢思考分析，知道很多，但缺乏行动，对物质生活要求不高，喜欢精神生活，不善表达内心感受。他们想找出事情的脉络与原理，作为行动的准则。有了知识，他们才敢行动，也才会有安全感。

温文儒雅、有学问、条理分明、表达含蓄、拙于词令、沉默内向、冷漠疏离、欠缺活力、反应缓慢。

⑥忠诚型——怀疑论者：做事小心谨慎，不轻易相信别人，多疑虑，喜欢群体生活，为别人做事尽心尽力，不喜欢受人注视，安于现状，不喜转换新环境；相信权威、跟随权威的引导行事，然而另一方面又容易反权威，性格充满矛盾。他们的团体意识很强，需要亲密感，需要被喜爱、被接纳并得到安全的保障。

忠诚、警觉、谨慎、机智、务实、守规、纪律维持者。

⑦活跃型——享乐者：乐观，要新鲜感，追潮流，不喜承受压力，怕负面情绪；想过愉快的生活，想创新、自娱娱人，渴望过比较享受的生活，把人间的不美好化为乌有。他们喜欢投入经验快乐及情绪高昂的世界，所以他们总是不断地寻找快乐、经验快乐。

快乐热心、不停活动、不停获取、怕严肃认真的事情、多才多艺，对玩乐的事非常熟悉亦会花精力钻研、不惜任何代价只要快乐、以嬉笑怒骂的方式对人对事。

⑧领袖型——能力者：追求权力，讲求实力，不靠他人，有正义感，喜欢做大事；是绝对的行动派，一碰到问题便马上采取行动去解决。想要独立自主，一切靠自己，依

照自己的能力做事，要建设前不惜先破坏，想带领大家走向公平、正义。

具攻击性、自我中心、轻视懦弱、尊重强人、扶正不扶歪。为受压迫者挺身而出、冲动、有什么不满意当场发作、主观、直觉。

⑨和平型——调停者：须花长时间作决定，难于拒绝他人，不懂宣泄愤怒；显得十分温和，不喜欢与人起冲突，不自夸、不爱出风头，个性淡薄。想要和人和谐相处，避开所有的冲突与紧张，希望事物能维持美好的现状。忽视会让自己不愉快的事物，并尽可能让自己保持平稳、平静。

温和友善、忍耐、随和、怕竞争，倚赖别人的提醒、注意力集中在细节、次要的事，对大多数事物没有多大的兴趣、不喜欢被人支配、绝不直接表达不满，只是阳奉阴违。

（二）兴趣与职业

1. 职业兴趣的概念

兴趣是对事物喜好或关切的情绪。或者说是人们力求认识某种事物和从事某项活动的意识倾向。它表现为人们对某件事物、某项活动的选择性态度和积极的情绪反应。

兴趣可以分为直接兴趣和间接兴趣。直接兴趣是指对活动过程本身感兴趣。例如，由于喜欢英语而努力学习英语。间接兴趣主要指对活动过程所产生的结果感兴趣。例如，为了通过等级考试而学习英语。

直接兴趣和间接兴趣是相互联系、相互促进的，如果没有直接兴趣，学习英语的过程就很乏味、枯燥；而没有间接兴趣的支持，也就没有目标，过程就很难持久下去，因此，只有把直接兴趣和间接兴趣有机的结合起来，才能充分发挥一个人的积极性和创造性，才能持之以恒，目标明确，取得成功。

职业兴趣是指人们对某种职业活动具有的比较稳定而持久的心理倾向。不同的人对于同一职业或者同一个人对不同职业的态度会不同，可能抱积极的态度，或者是消极的态度，或是无所谓的态度。

2. 兴趣—职业匹配

（1）兴趣类型——愿与事物打交道：喜欢同事物打交道，而不喜欢与人打交道，相应的职业诸如制图、勘测、工程技术、建筑、机器制造、出纳、会计等。

（2）兴趣类型——愿与人接触：这类人喜欢与人交往，对销售、采访、传递信息一类的活动感兴趣。相应的职业如记者、推销员、服务员、教师、行政管理人员、外交联络等。

（3）兴趣类型——愿干有规律的工作：这类人喜欢常规的、有规则的活动，习惯于在预先安排好的程序下工作。相应的职业如邮件分类、图书管理、档案管理、办公室工作、打字、统计等。

（4）兴趣类型——喜欢从事社会福利和助人工作：乐意帮助人，他们试图改善他人的状况，帮助他人排忧解难。相应的职业如律师、咨询人员、科技推广人员、医生、护士等。

（5）兴趣类型——愿做领导和组织工作：喜欢掌管一些事情，希望受到众人尊敬和获得声望，他们在企事业单位中起着重要作用。相应的职业是各级各类组织领导管理者，如行政人员、企业管理干部、学校领导和辅导员等。

（6）兴趣类型——喜欢研究人的行为：对人的行为举止和心理状态感兴趣，喜欢谈论人的问题。相应的职业大都是研究人、管理人的工作，如心理学、政治学、人类学、人事管理、思想政治教育等研究工作以及教育、行为管理工作。

（7）兴趣类型——喜欢从事科学技术事业：对分析的、推理的、测试的活动感兴趣，长于理论分析，喜欢独立地解决问题，也喜欢通过实验做出新发现。相应的职业如生物、化学、工程学、物理学、地质学等工作。

（8）兴趣类型——喜欢抽象的和创造性的工作：对需要想象力和创造力的工作感兴趣，大都喜欢独立的工作，对自己的学识和才能颇为自信。乐于解决抽象的问题，而且急于了解周围的世界。相应的职业大都是科学研究工作和实验室工作，如社会调查、经济分析、各类科学研究工作、化验、新产品开发等。

（9）兴趣类型——喜欢操作机器的技术工作：对运用一定技术、操作各种机械、制造新产品或完成其他任务感兴趣。他们喜欢使用工具，特别是喜欢大型的、马力强的先进的机器，喜欢具体的东西。相应的职业如飞行员、驾驶员、机械制造、建筑、石油、煤炭开采等。

（10）兴趣类型——喜欢具体的工作：希望能很快看到自己的劳动成果，愿从事制作能看得见、摸得着产品的工作，并从完成的产品中得到满足。相应的职业如室内装饰、园林、美容、理发、手工制作、机械维修、厨师等。

（三）能力与职业

1. 能力的概念

能力是指直接影响活动效率，使活动任务得以顺利完成的个性心理特征。能力是和活动联系在一起的，在一定的活动中表现出来，如观察确切、思维敏捷、分析全面、判断准确、善于表达等。

心理学把人的能力分为一般能力和特殊能力两大类。一般能力是指人的观察力、记忆力、注意力、思考力、想象力等，也就是我们通常说的智力；特殊能力是指一些行业或行业领域所要求具备的特别能力，像计算机程序设计、音乐、绘画等创造性工作需要的抽象思维能力、节奏韵律能力、色彩鉴别能力等。

特殊能力往往能在职业选择中体现出优势，尤其在现代社会中，高薪酬、高社会关注度、高自我实现度的职业常常对有特长的年轻人格外垂青。比如说，IT 业的创业或管理者、演艺界明星、运动员、飞行员等等，一向都是年轻人向往的职业，但也是对特殊能力要求比较高的职业。近年来，报考艺术院校成为潮流，但许多年轻人仅仅凭着兴趣和向往就为此付出执著的努力，却没有通过有效的测试来认识自己是否具备在这条道路上发展的特殊能力，事实上，这决定着一个人在你选择的事业中能走多远。

2. 能力—职业匹配

心理学在讨论人类的各种不同能力时，都认为一般能力即智力是最重要的，但对于智力的定义却各执一词。概括起来主要有两种取向：一是抽象概念性定义，如智力是思维能力，智力是学习能力，智力是解决问题的能力，智力是适应环境的能力等；二是操作性定义，即智力是根据智力测试所测定的能力。目前，心理学家对于智力的看法已达成两点共识：即智力是一种综合性能力；智力是以个体自身所具遗传条件为基础，在所处生活环境进行的社会交往中表现出来的运用经验，吸收、贮存及运用知识以解决实际问题的能力。

作为一种综合能力，一般能力即智力包括人的观察能力、语言能力、社交能力、逻辑思维能力、数理能力、实际操作能力、组织管理能力、运动协调能力等等。高校学生的综合能力一般高于同龄其他年轻人，整体上处于较高的能力水平。但是，整体较高并不就是每个个体能力方面都是一样，现实中我们清楚地知道，大学生能力水平存在着较大的差异，一些人某一方面的能力有着明显的优势，比如：有的人语言能力强，善于表达，富有感染力和鼓动性，有的人则差一些；有的人社交能力强，联系广泛，思想活跃，人际关系好，有的人则差一些；有的人组织管理能力强，善于协调，组织活动周密严谨，有的人则差一些。因此，我们要正视大学生能力的差异性。更重要的是，要让大学生分析自身能力结构，确定和培育自身的能力优势。

不同的职业对能力的要求是不同的，医生需要更为敏锐的观察能力，教师要有较好的语言表达能力和记忆力，而记者在敏锐观察能力之外，还需要有良好的分析思考能力。可见，职业与能力之间存在着重要的匹配关系。因此，大学生对自己的能力须做一个客观的评估，特别是要准确定位自己的能力特性，即能力优势。这是你规划职业生涯、确定职业目标的关键性因素，只有职业目标与自身优势能力相匹配，你的事业才会前途广阔，发展才能前程远大，从而帮助你取得人生的成功。如果你不具备这个职业所要求的能力，你就是再努力勤勉也收效甚微。

分析能力与职业的匹配关系，我们主要是指一般能力与职业的匹配。下面简要介绍几种能力与职业的联系。

（1）语言能力：语言能力强的人，善于表达自己的思想和观点，语言或文字富有感染力和鼓动性，可从事教师、节目主持、演说、外事、律师、咨询、导游、商业营销等职业。

（2）观察能力：观察能力强的人，善于发现，对事物及物体细节具有较强的知觉能力，可从事记者、工程师、生物研究、医生、护士、绘图师等职业。

（3）数理能力：数理能力强的人，能够快速运算，进行推理，解决应用问题，可从事会计师、审计师、工程师、软件开发、建筑设计、医药配剂、金融投资、经纪人、信息服务等职业。

（4）社交能力：社交能力强的人，善于进行人与人之间的交往，思想活跃，联系广泛，能够协同工作并建立良好的人际关系，可从事公关人员、对外联络员、新闻发布、物业管理、调解员等职业。

（5）实际操作能力：实际操作能力强的人，善于迅速而准确地操纵物体或工具，可从事机构操控与检修、模型创造、计算机操作、民间工艺、汽车驾驶等职业。

（6）组织管理能力：组织管理能力强的人，善于协调，擅长事务和活动的组织安排，以及协调参加人之间的各种关系，可从事公共事业管理、企业经理、公务员、保险代理、行业主管等职业。

（7）逻辑思维能力：逻辑思维能力强的人，善于思考和推理，理解较为深刻，擅长综合分析。适合从事策划、顾问、技术工作、编辑、文秘、理论研究等职业。

（8）运动协调能力：运动协调能力强的人，身体能够迅速而准确地做出动作，能根据要求做出必要的动作反应，适合从事运动员、飞行员、外科医生、舞蹈演员、健身教练等职业。

二、自我评估的途径

（一）总结过去的经验自我评价

回顾过去经历，对自己的想法、期望、品德、行为进行理性思考，然后认真地描述和判断自己的特点。在这个过程中，需要个人搜集信息，耐心的分析。比如，问问自己，过去我做过什么自己确实喜爱的工作，喜欢这些工作的哪些方面，现在我仍喜欢它们吗？我喜欢处理人际关系，还是喜欢处理具体问题或处理信息技术，什么能激发我的活力，什么令我感觉倦怠乏味。另外，要对过去的成功经验和教训进行回顾，分析自己过去有哪些成功，哪些不成功，原因是什么。除了客观因素外，自己在哪些方面需要改进。需要注意的是，要尽量以客观评价为依据，避免因为个人认识或个人动机出现较大误差。比如，有的人成绩一般却孤芳自赏，有的人成绩显著却自感不足。

（二）通过他人的评价或者与他人比较自我评价

首先，依据他人对自己的态度评价自己。个人对自己的评价往往是以其他人的评价为参照，人们在相互交往中，不断深化自己的认识。如可以问问家长、老师、同学、朋友对自己的评价和态度是怎样的。其次，通过与自己条件相似的人比较来评价自己。如可以和自己的大学同学比较概括自己的特点。需要注意的是，要准确理解和分析他人对自己的态度和说法。

（三）通过专家咨询自我评价

向专业咨询老师咨询，是一种有效快捷的方式，咨询人员会用他的学识、经验以及科学的咨询技术给个人提供帮助。在咨询过程中，个人会获得大量的知识和信息资料，获得对问题的重新认识。更重要的是，通过专家咨询会提高自己的决策能力。

（四）通过测评自我评价

利用测评工具对自己的智力、能力倾向、创造力、人格、心理健康等方面进行测评，同时可以对同一个人的不同心理特征间的差异进行比较，从而确定其相对优势和不足，发现行为变化的原因，为决策提供信息。

三、自我评估的方法

职业院校学生可以运用管理学中的一些方法如橱窗分析法、SWOT 分析法、心理测验量表等方法来进行自我评估，也可以借助专业的职业测评机构通过心理测试而获取对自己的性格、兴趣、能力等方面的分析与评估。

（一）橱窗分析法

所谓橱窗分析法，是一种借助直角坐标不同象限来表示人的不同部分的分析方法，它以“别人知道”或“别人不知道”为横坐标，以“自己知道”或“自己不知道”为纵坐标，橱窗分析法也是进行自我认知的一种常用方法。如图 2－1 所示：

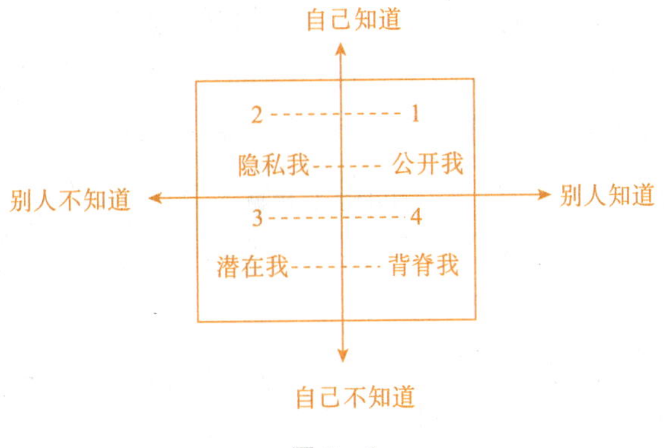

图 2-1

橱窗 1：公开我

即自己知道，别人也知道的部分，其特点是个人展现在外，无所隐藏的部分。如个人的身高、年龄、学历等。

橱窗 2：隐私我

即自己知道，别人不知道的部分，其特点是属于个人内在的私有秘密，不外显。如自私、嫉妒等平常自己不愿袒露的缺点以及心中的愿望、雄心等不想告诉别人的部分。

对于“隐私我”，可以采取撰写自传或 24 小时日记的方式来了解。撰写自传，可以了解我们自身成长的大致经历和自我计划情况等；而 24 小时日记对我们一个工作日和一个非工作日经历的对比，也可以了解一些侧面的信息。尽管我们还年轻，不需要什么自传，但这是了解自我的一种比较不错的途径。

橱窗 3：潜在我

即自己不知道，别人也不知道的部分，其特点是开发潜力巨大，但通常别人和自己都不容易发觉。

对于“潜在我”，据科学家研究发现，每个人都有巨大的潜能，人类平常只发挥了极小的部分大脑功能。著名心理学家奥托指出，一个人一生所发挥出来的能力，只占他全部能力的 4%，也就是说一个人 96% 的能力还未开发。由此可见，了解“潜在我”，是自我认识的重点之一。可以通过人才测评来发现自己平时注意不到的潜力，也可以在学习和生活的过程中，多做尝试来发现自己的潜能。

橱窗 4：背脊我

即自己不知道，别人知道的部分，其特点是自己看不到，别人却看得很清楚。

对于“背脊我”，可以采取同自己的家人、朋友、同事等交流的方式，或借助录音、录像设备，开诚布公。要做到这一点，需要有诚恳的态度和博大的胸怀，真心实意地去征询他人的意见和看法，有则改之，无则加勉，否则，别人是不会说实话的。

通过四个橱窗可知，自我认知主要要了解“潜在我”和“背脊我”。

（二）SWOT 分析法

通过系统地分析自身因素和环境因素，权衡利弊，做出路线的选择，挑选出能实现自己目标的最佳路线。

SWOT 是一种战略分析方法，通过对被分析对象的优势、劣势、机会和威胁等加以综合评估与分析得出结论，通过内部资源、外部环境有机结合来清晰地确定被分析对象的资源优势和缺陷，了解对象所面临的机会和挑战，从而在战略与战术两个层面加以调整方法、资源以保障被分析对象的实行以达到所要实现的目标。如表 2－1：

表 2－1　　SWOT 分析表

内部环境因素	优势（S）	劣势（W）
外部环境因素	机会因素（O）	威胁因素（T）

SWOT 分别代表：

Strengths（优势）：是指自己出色的方面，尤其是与竞争对手相比具有优势的方面。

Weaknesses（劣势）：与竞争对手相比处于落后地位的方面。

Opportunities（机会）：有利于自己发展的外在的机会。

Threats（威胁）：外部环境中存在潜在危险的方面。

对于个人而言，SWOT 分析是检查个人技能、能力、职业、喜好和职业机会的有用工具。如对自己做个细致的 SWOT 分析，那么就会很明了地知道自己的个人优点和弱点在哪里，并且您会仔细地评估出自己所感兴趣的不同职业道路的机会和威胁所在。

（三）专业的职业心理测评

概括地说，职业心理测评是在现代心理学、教育学和社会学的基础上，以心理测验、情境模拟等一系列可以量化的检测手段，对人的基本心理特征包括能力、个性、职业兴趣、气质及价值观等进行测量与评估，分析受测者的特点，再结合专业或工作特点，帮助受测者客观地了解自身的状况和自己的职业趋向。

职业心理测评是以特定的心理学理论为基础，再经过设计问卷、抽样、统计分析、建立常模等程序编制，最后形成客观化、标准化的问卷。通常是由大学、专业的研究机构或心理测验公司组织开发。一般情况下，专业的职业测评机构都能提供几十种以上的心理测评服务，以适应复杂的职业需求。比如，全球最大的测验公司——英国的 SHL 公司有近百种心理测试服务，可提供从普通钳工到高层经理人才的测评。

职业心理测评主要包括以下一些类型：

（1）智力倾向测验：具有考察智力（能力）水平及其结构的双重目的。一方面，不同的人智力水平不同，选择优智的人，可期望获得高绩效；另一方面，智力水平相近的人，其智力结构可能不同：有的人擅长言语理解、加工、表达；有的人擅长数字加工；有的人则擅长对形象的分析、加工。不同智力结构的人适应于不同类型的工作。

有代表性的智力倾向测验有：分化能力性向测验（Differential Aptitude Test，英文缩写 DAT），也称分化能力倾向测验，是目前较为常用的一种智力测试，分别从语言理解、语言推理、数学推理、抽象推理、空间推理、机械推理六个方面检测人的智力水平，从而整体分析智力结构。韦克斯勒（Wechsler）智力测验，包括一个成人版和儿童版。瑞文测验，这主要是以抽象图形推理形式检测智力，其形式类似 DAT 中的抽象推理。

（2）人格测验：考察个人与职业相关的性格特点，用以测量求职个体与他人相区别的独特而稳定的思维方式和行为风格。这些特点可能影响该求职者的工作绩效和工作方式及习惯。

有代表性的人格测验有：明尼苏达多相人格问卷（MMPI）、卡特尔 16 因素人格测验（16PF 测验）、加州人格问卷（CPI）、梅耶—布里基斯人格特质问卷（MB－TI）、DISC 个性测验、艾森克人格问卷等。

（3）职业兴趣测验：不同人的工作生活兴趣可以按照对人、概念、材料这三大基本内容要素分类，而社会上的所有职业、工作也是围绕这三大要索展开的。基于这一理论思想设计的职业兴趣测验可以在个体兴趣与职业之间进行匹配。

有代表性职业兴趣测验有：斯特朗—坎培尔职业兴趣测验和霍兰德（Holland）职业兴趣问卷。

（4）动机测验：所谓动机，是指由特定需要引起的、欲满足该种需要的特殊心理状态和意愿。而通过动机测验，可以了解个体的工作生活特点，从而找到激励他们积极性的依据和途径，并以此为依据安排相应的工作内容。

有代表性的动机测验有：美国哈佛大学教授戴维·麦克利兰的成就动机理论。

拓展阅读

气质与择业

一般认为，气质是与生俱来的，气质的特征源于人的生理基础。如刚刚出生的婴儿，有的爱哭爱闹，有的却很安静；有的人个性强，愿意从事冒险性大的职业，有的人却愿意从事稳定风险小的职业。

一、多血质与职业选择

多血质类型的特征是：活泼、热情、好动、敏感、迅速。喜欢与人交往，注意力容易转移，兴趣和情绪容易变换，具有外倾性的特点，多血质的人情感丰富，求知欲强，兴趣广泛，工作能力较强，容易应付和适应新的环境场面，善于交际。

多血质的人在职业市场往往倍受青睐，占有较强和有利的竞争优势。一般适合于抛头露面和人际交往的职业。如记者、律师、公关人员、秘书、外交工作、管理工作、驾驶员、服务人员、运动员、冒险家、侦探、军官等社会性工作。

二、胆汁质与职业选择

胆汁质类型的特征是：直率、热情、精力旺盛、脾气急躁、情绪兴奋性高、易冲动、心境变化强烈，具有外倾的特点。

胆汁质的人具有强烈的竞争意识和很高的积极性，他们倾向于选择竞争激烈、冒险性和风险性大的职业或社会服务型的职业。如：体育运动员，企业改革者，航空、勘探探险者，激进的演说家，热情的老师、营业员以及出色的导游、推销员、节目主持、外事接待人员、演员等，甚至可以到偏远的山区开创事业或到开放地区闯世界。

三、粘液质与职业选择

粘液质类型的特征是：安静、稳定、反应缓慢、沉默寡言，情绪不易外露，注意稳定但难于转移，善于忍耐，具有内倾特点。

粘液质的人适于医务、图书管理、情报翻译、营业员、教师、思想教育、外科医生、法官、管理人员、出纳员、话务员、会计、播音员、调节员等工作。

四、抑郁质与职业选择

抑郁质类型的特征是：情绪体验深刻，感情比较细腻和敏感，观察力敏锐，悟性很高，但孤僻迟缓不善言辞，常给人以木讷和大智若愚的感觉。

抑郁质的人适于作诗人、作家、画家，哲学、心理学和实用科学理论研究者，校对员、打字员、化验员、雕刻工作者等。

在现实生活中，纯粹是某一类型气质的人是少数，大多数人的气质类型都是属于混合型的。人是有理智的，他的道德修养、理想信念都能对自己的行为起调节作用，以发扬气质中的积极方面，克服消极方面。

职业生涯体验

我的自画像

一、活动目的

让学生学会接纳自己，强化自我认识，对自己有一个深刻的了解，体验自我。

二、活动准备

准备一张纸和一支笔。

三、活动过程

1. 体会和感悟

请为自己画一幅画，这幅画要能体现出自己的个性特点，可以是描述真实的自我，也可以是抽象的、象征性的自我。可以用任何形式来画出自己，抽象的、形象的、写实的、动物的、植物的什么都可以。总之，把自己心目中的最能代表自己的东西画出来。这种方法可以使成员发现隐藏在潜意识层面的自我，不知不觉中对自己做出评估和内省。

2. 与人分享

画完后挂在墙上，开“画展”，让团体成员自由观看他人的画。欣赏完毕，请每一位画家对他的画解释并答疑，谈谈自己画这幅画的目的，为什么使用这样形象表达自己。

3. 教师引导

让学生努力回忆在绘画的过程中，自己有何感受和想法，对自己是否有新的认识，对自己的绘画是否满意，在画中，喜欢自己什么地方，讨厌自己什么地方，怎样才会让自己接纳自己，你喜欢别人画中的什么地方？

自画像用非语言的方法将内心投射出来，是一种独特的自我探索、自我分析、自我展示的方法。通过团体内交流，可以促进成员深化自我认识，加深对他人的认识和理解。

趣味职场

你的职业潜质在哪行

旅行时在荒山野岭迷了路，这时天色已晚，你发觉附近只有一户人家，迫不得已只好向主人借宿，可是房屋主人却告诉你屋子的四个房间都闹鬼。那么，在一定要住下来的情况下，你会选择哪个房间呢？

A. 有个人头从窗外恶狠狠瞪着你睡觉的房间

B. 厕所会传来开关门声和女人叹息声的房间

C. 你一躺上床，床就开始摇晃不让你睡的房间

D. 半夜醒来看到一个无头鬼坐在床边的房间

解释：

A. 你适合的工作多半拥有自己的专属空间。虽然挣的不多，但有稳定的收入来源，而且比较固定，不容易被外界所影响。有人从窗外瞪着你代表来自于周遭对你的不满和异样的眼光，在窗外代表不容易对你造成影响。例如老师的工作，不管你多么不受学生欢迎，可是并不会轻易就丢了饭碗。其他例如公务员的悠闲工作也都可以归类于此。

B. 你比较喜欢安静的工作，尤其是公司的主管人事或是其他幕后策划等的工作。厕所会传来开关门声和女人的叹息声，代表你会受到来自于上级的压力或是主管的责骂。比较起来，你宁愿整天待在办公室里吹冷气也不愿意到外面去忍受风吹日晒，其他诸如高科技产业的技师或工程师，企业的网络工程师或是会计等也都是比较适合你的。

C. 你适合从事活动性较强或业务类的工作，你的个性比较好动，整天坐在办公室里怕是会憋出病来，你也不喜欢受拘束，所以你的职业也倾向于常常到外头走动的工作，像保险推销员、房产经纪人等等。床开始摇晃不让你睡代表你做业务时，拜访客户常常会遭到拒绝、碰壁。其他像是大老板的司机或是导游也都可以归于此类。

D. 与人沟通是你比较擅长的，因此接近群众的工作对你来说不错。例如电视明星、政府工作等需要群众支持的工作都算在内。无头鬼坐在床边代表这个人和你密不可分，可是你又无法看清他是谁。就像棒球明星会累积一定的球迷，也靠球迷的拥戴吃饭，可是又不知道谁是谁一样。其他像是公司的公关、便利商店的店员或是银行的服务人员也都比较适合你。

第二节　认识所处环境

名言警句

青年之字典，无“困难”之字；青年之口头，无“障碍”之语；惟知跃进，惟知雄飞，惟知本身自由之精神，奇僻之思想，锐敏之直觉，活泼之生命，以创造环境，征服历史。

——李大钊

案例导入

美国青年弗兰德的父母都是博士，在大学教书做研究。但是他本人在高中毕业后却没有上大学，而是到美国德克萨斯州州立技术学院攻读了两年焊工专业。当时，很多人不理解他的选择，弗兰德解释说，他入学前与父母讨论过，在美国费用昂贵的大学文凭与就业机会并不相配，而拥有专门技术的孩子却有更多的就业机会。德州由于能源工业兴盛，对焊工的需求相当大，选择焊工专业就业前景很不错。果然，他工作的第一年就赚了大约 80 万人民币，年仅 24 岁的他已经有能力买车和发展其他爱好。但是他也表示，日后会继续回学校攻读深造，研究焊接材料和技术，这样可以使这份工作能有更好的延续性。

案例点评：弗兰德的事例虽然发生在美国，但是在中国也同样适用。个人的职业发展机遇与社会环境密切关联。只有充分地对所处的环境进行分析，把握社会发展的新动向，才能有效结合自己的优势资源创造最佳的工作机遇。

必备知识

有效的职业生涯设计，必须建立在充分、正确地认识自身的条件、所处环境及其变化趋势——即知己知彼的基础上。“衡外情，量己力”，客观地把握职业生涯发展的内部条件和外部环境，对制订可行的职业生涯规划有着特殊重要的意义。上一节已经介绍了如何有效地认识自己，本节将介绍如何深入地了解身处的环境。

职业生涯环境，主要指本人可能有的发展机遇，或职业选择的一切外部环境，包括家庭状况、学校环境、行业发展动向和区域经济特点。在职业生涯规划中，尽管个人的主观努力是决定因素，但外部环境对事业的成功却起着非常重要的影响和作用。就大环境而言，它决定着社会职业结构的变迁，决定着职业岗位的数量与结构，从而决定了人们对不同职业的认定与步入职业生涯、调整职业生涯的决策。就小环境来讲，它的生存与发展空间如何，人文环境怎样等，这一切也决定着人在职业生涯中具体机遇的好坏，从而影响从职者的自身发展。

一、家庭环境

（一）家庭环境概念

家庭软环境，是指笼罩着特定场合的特殊气氛或氛围，它诉诸于人的内在情绪和感受，对人起着潜移默化的作用，是家庭生活中人与人之间相互联系时所形成的一种气氛。家庭环境分析指的是对家庭软、硬环境的分析。

（二）家庭环境对个人职业生涯的影响

任何人的性格和品质的形成及个人的成长都离不开家庭环境的影响，大学生在进行职业生涯规划时，考虑更多的是家庭的经济状况、家人期望、家族文化等因素对本人的影响。个人职业发展规划的确立，总是同自身的成长经历和家庭环境相关联的。个人在成长过程中，在不同时期也会根据自己的成长经历和所受教育的情况，不断修正、调整，并最终确立职业理想和职业计划。正确而全面地评估家庭情况才能有针对性地设计适合自己的职业规划。

1. 家庭经济状况

家庭经济水平是个体职业发展的有力保障。通常认为，经济水平较高的家庭给大学生提供的工具支持更丰富。所谓工具支持就是指通过向某人提供资源、信息等帮助来达到支持的目的，比如在职业信息收集、职业方向引导等方面。而经济水平较低的家庭能够提供的工具支持通常较少，往往是情感支持为主，大部分要依靠子女自己探索，可能会经历较多困扰。

2. 家人期望

家庭作为大学生的后盾力量，对其职业选择有一定的影响。对于大学生未来所要从事的职业，父母心中会有一个符合他们价值观的期望。如果他们的期望和子女的一致，这当然是双方都较满意的理想状态。可是，如果当子女在职业选择道路上犹豫不决并寻求帮助时，有些学生就可能被引入了父母正从事或希望子女从事的职业，子女被看做父母希望的延续或家庭的代表，他们的使命是实现父母的理想。

3. 家庭文化

家庭文化是指一个家庭时代承续过程中形成和发展起来的较为稳定的生活方式、生活作风、传统习惯、家庭道德规范以及为人处事之道。家庭文化资源具有一定的代际传递性，而且越是优势的文化资源，其代际传递性越强。

父母受教育程度作为家庭的文化资本，对子女的职业规划有着不可忽视的作用。另外，家庭类型如民主型家庭、专制型家庭对子女在职业发展方向的选择上也有很大的影响。

二、学校环境

（一）学校环境概念

学校环境是指所在学校的性质、专业特色、优势、学校声誉等。大学不同，环境不同，培养出的学生也有着不同的特点。

（二）学校环境对个人职业生涯的影响

1. 学校性质

学校的性质不同，培育学生的方向就会不同，其所指向的职业类型也会因此不同。比如工科类院校和师范类院校的学生会因为学校培养的目标差异而出现能力的差异，师范类院校的学生获得更多的是专业理论知识、人际交往、言语表达等方面的教育，由此更擅长从事和人打交道的教学工作；而工科类院校可能更注重学生的动手操作能力和逻辑推理能力的培养，所以学生的实践操作能力较强，更擅长从事和物打交道的工作。

2. 专业特色与学校声誉

大学是对学生进行专业化培训的场所，大学教育是专业教育，是按照专业门类来培养学生的基本能力和素质，以适应将来的职业需要。用人单位在选聘人才时也往往会提出专业的要求。所以，我们应立足于自身的专业，结合学校的良好声誉、优势，综合分析，做好自我定位。

3. 校友成就

一个学校在社会上的声望主要取决于其毕业生（校友）在各自岗位上的成就和水平。校友的成就和业绩一旦被社会所公认，即可提升其母校的声望。同时，这也将对在校学生的人生观、价值观、择业观起到榜样作用，并必将影响在校生的职业生涯规划，促进他们更好地成才成长。

三、行业环境

（一）行业环境概念

行业环境包括对目前从事或拟从事的目标行业的环境分析。其内容主要包括行业的发展状况，国际、国内重大事件对该行业的影响，目前行业的优势与问题，行业发展趋势等等。

（二）行业环境对个人职业生涯的影响

1. 行业的经济特性

一个行业的经济特性和竞争环境以及它们的变化趋势往往决定了该行业未来的利润前景。对于那些毫无吸引力的行业，最好的公司也难获得满意的利润；相反，颇有吸引力的行业中，弱小的公司也可以取得良好的经营业绩。

行业的经济特性所涉及的因素有：该行业在国际、国内或者一个地区的范围内属于什么产业；市场规模及市场需求（国际市场还是国内市场、城市市场还是农村市场等）及竞争角逐的范围（当地性、区域性、全国性、全球性）；市场增长速度以及行业在成长周期中目前所处阶段。

2. 行业生命周期

行业生命周期是行业演进的一种动态过程。行业生命周期分成四个阶段：形成期、成长期、成熟期和衰退期。

（1）形成期。形成期是指某一行业刚新兴产生的阶段。在此阶段，有较多的小企业出现，因企业刚建立或生产某种产品，忙于发展各自的技术能力而无法全力投入竞争，所以该阶段的竞争压力较小。研究开发新产品和新技术是这个阶段的重要职能，在营销上则着重广告宣传，增进顾客对产品的了解。

（2）成长期。进入成长期，行业的产品趋于完善，顾客对产品已经有认识，市场迅速扩大，企业的销售额和利润都处于迅速增长的阶段。同时，有不少后续企业参加进来，行业的规模扩大，竞争日趋激烈，不成功的企业面临洗牌退场的局面。市场营销和生产管理成为关键性职能。

（3）成熟期。进入成熟期后，一方面行业的市场已趋于稳定及饱和，销售额已难以不断快速增长，在此阶段的后期甚至会开始下降；另一方面行业内部竞争异常激烈，合并、兼并大量出现，大批小企业无法后续经营而导致退出，行业由分散走向集中，只留下少量技术成熟、资金雄厚的大企业。产品成本和市场营销有效性成为企业的关键因素。

（4）衰退期。到了衰退期，市场萎缩，行业规模也缩小，留下的企业越来越少，竞争依然很残酷。这一阶段的行业就是所谓的“夕阳行业”。

3. 行业发展现状及前景

行业发展现状分析，首先应了解自己所要从事的是什么行业，是传统制的还是新兴的，是能源产业还是服务业？这个行业在我国发展的趋势如何，行业的成长潜力如何？行业未来的风险与不确定程度如何？行业目前存在什么问题，问题的严重程度如何？是否可以改进或避免，还是无法消除？

在分析行业环境时，一定要结合社会大环境的发展趋势。一是要分析行业自身的生命力，由于科学技术的飞速发展，会使某些行业如同夕阳坠落，逐渐萎缩、消亡；更有许多极具发展前途的朝阳行业不断出现、发展起来。二是要分析行业发展是否有技术、资金的支持，同时还要注意国家政策的影响，要了解国家对某一行业是支持、鼓励和引导，还是限制、控制和制约。要尽量选择那些有前景、发展空间较大的行业。例如，我国近年来狠抓环境保护，推行可持续发展战略，保护生物多样性，在农业生产中控制化学制品的使用，开发“绿色食品”等等，使环境保护产业如初生朝阳，充满生机，导致环保设备生产、环保技术咨询等行业迅速发展，提供了大量就业岗位。而这时如果不了解情况，为了一时利益，盲目进入那些污染严重的行业谋职，必将会给自己的职业生涯造成不良后果。

4. 国际、国内重大事件对该行业的影响

行业的发展受到国际、国内重大事件的影响，进而影响到该行业能否提供较多的职业机会。自我国加入 WTO 后，新的竞争机制带来的行业兴衰，导致传统产业人才过剩，以电子信息产业为代表的高新技术产业不断发展，形成了新的增长点；随着移动通讯、网络的出现和日益成熟，人们对服务速度的要求也在逐步提高，快速、方便的服务成为当今人们的追求。在这一环境下，第三产业的快递公司、网络银行、网络商城、网络物流配送、网络书店等等应运而生。

此外，经济国际化的发展，经济贸易国界的消失，对人的素质也提出了更高的要求。它要求经营人才不但精通专业技术知识，还要精通外语，熟悉国际贸易法规以及外国风俗习惯等等。特别是我国加入 WTO 后，经济的发展更需要大量的国际化人才，需要我们在职业规划时更多地考虑学习、培训。

拓展阅读

比尔·拉福的故事

背景：一个美国小伙子立志做一名优秀的商人。

中学毕业后考入麻省理工学院，没有去读贸易专业，而是选择了工科中最普通最基础的专业——机械专业。

大学毕业后，这位小伙子没有马上投入商海，而是考入芝加哥大学，攻读为期 3 年的经济学硕士学位。

出人意料的是，获得硕士学位后，他还是没有从事商业活动，而是考了公务员。

在政府部门工作了 5 年后，他辞职下海经商。又过了两年，他开办了自己的商贸公司。20 年后，他的公司资产从最初的 20 万美元发展到 2 亿美元。

这位小伙子就是美国知名企业家比尔·拉福。

1994 年 10 月，比尔·拉福率团来中国进行商业考察，在北京长城饭店接受《中国青年报》记者采访时，他谈到他的成功应感激他父亲的指导，他们共同制定了一个重要的生涯规划。最终这个生涯设计方案使他功成名就。

我们来看一下这个成功的简图：

工科学习→工学学士→经济学学习→经济学硕士→政府部门工作→锻炼处世能力，建立广泛的人际关系→大公司工作→熟悉商务环境→开公司→事业成功。

第一阶段：工科学习

选择：中学时代，比尔·拉福就立志经商。他的父亲是洛克菲勒集团的一名高级职员，他发现儿子有商业天赋，机敏果断，敢于创新，但经历的磨难太少，没有经验，更缺乏必要的知识。于是，父子俩进行了一次长谈，并描绘出职业生涯的蓝图。因此升学时他没有像其他人一样直接去读贸易专业，而是选择了工科中最基础最普通的机械制造专业。

评析：做商贸必须具备一定的专业知识。在商品贸易中，工业品占绝对多数，不了解产品的性能、生产制造情况，就很难保证在贸易中得到收益。工科学习不仅是知识技能的培养，而且能帮助建立一套严谨求实的思维体系。清楚的推理分析能力，脚踏实地的工作态度，正是经商所需要的。

收获：比尔·拉福在麻省理工学院的 4 年，除了本专业，还广泛接触了其他课程，如化工、建筑、电子等，这些知识在他后来的商业活动中发挥了举足轻重的作用。

第二阶段：经济学学习

选择：大学毕业后，比尔·拉福没有立即进入商海而是考进芝加哥大学，开始了为期3年的经济学硕士课程。

评析：在市场经济下，一切经济活动都通过商业活动来实现的，不了解经济规律，不学习经济学知识，就很难在商场立足。

收获：比尔·拉福掌握了经济学的基本知识，搞清了影响商业活动的众多因素，还认真学习了有关法律和微观经济活动的管理知识。几年下来，他对会计、财务管理也较为精通，在知识上已完全具备了经商的素质。

第三阶段：政府部门工作

选择：比尔·拉福拿到经济学硕士学位后考取了公务员，在政府部门工作了5年。

评析：经商必须有很强的人际交往能力，要想在商业上获得成功，必须深知处世规则，善于与人交往，建立诚信合作关系。这种开拓人际关系的能力只有在社会工作中才能得到提高。

收获：在环境的压迫下比尔·拉福养成了强烈的自我保护意识，由稚嫩的热血青年成长为一名老成、处世不惊的公务员，并结识了各界人士，建立起一套关系网络，为后来的发展提供大量的信息和便利条件。

第四阶段：通用公司锻炼

选择：5年的政府工作结束之后，比尔·拉福完全具备了成功商人所需的各种素质，于是辞职下海，去了通用公司。

评价：通过各种学习获得足够的知识，但知识要通过实践的锻炼才能转化为技能。

收获：在国际著名的通用公司进行锻炼，比尔·拉福不仅为实践所学的理论找到了一个强大平台，而且学习到了丰富的管理经验，完成了原始的资本积累。这也是职业院校学生创业应该借鉴的地方，除了激情还应该考虑到更多的现实。

第五阶段：自创公司

选择：大展拳脚两年后，他已熟练掌握了商情与商务技巧，便婉言谢绝了通用公司的高薪挽留，开办了拉福商贸公司，开始了梦寐以求的商人生涯，实现多年前的计划。

点评：比尔·拉福的准备工作，几乎考虑到了每个细节。拉福公司的成长速度出奇的快，20年后，拉福公司的资产从最初的20万美元发展为2亿美元，而比尔·拉福本人也成为一个奇迹。

比尔·拉福的职业生涯设计脉络清晰，步骤合理，充分考虑了个人兴趣、个人素质，并着重职业技能的培养，这种生涯设计在他坚持不懈的努力下，终于变为现实。

（资料来源：深圳人才网）

职业生涯体验

行业调研

一、活动要求

对自己所学专业对应的行业或自己感兴趣的行业深入调研，调研内容包括：行业概述、行业现状、发展趋势、需要技能、福利待遇、工作状态、著名公司、典型公司介绍等。

二、活动安排

对所选择的企事业单位（3家及以上）要求在行业内处于上中下三个水平，以便判断行业的发展现状和前景。

三、活动结果

调研活动结束，形成3000字以上的行业调研报告。

第三章
职业目标的制订、实施与调整

学习目标

通过本章学习，让学生认识到职业目标的重要性，帮助学生制定适合自己的目标，给未来一个清晰明确的发展方向，激发学生产生实现职业理想的动机。

第一节　职业生涯目标的制订

名言警句

如果你想要快乐，设定一个目标，这个目标要能指挥你的思想，释放你的能量，激发你的希望。

——（美）安德鲁·卡耐基

案例导入

案例一：吴晓是某职业院校2009届幼师班毕业生。在校期间她就下决心将来为家乡的幼教事业做贡献。于是她刻苦学习专业技能和文化课，门门功课成绩优秀。毕业后，她先去私人幼儿园任教，细心琢磨幼儿心理，努力探索幼教工作，积累了丰富的教育教学和办学经验，后来办起了自己的“阳光幼儿园”。几年时间里，她的幼儿园被评为县一级幼儿园、市文明幼儿园，她自己也被评为国家优秀职校毕业生。

案例二：大力2007年考入了职业院校学财会。他觉得现在本科院校的学生都不好找工作，像他这类高职生就更没市场了。于是在校期间，他过一天算一天，说是毕业后就凭运气了，有好去处更好，没事干也怨不了他。结果，他毕业至今仍待在家里无所事事。

案例点评：有没有制定正确的职业目标，并为此坚持不懈地努力，导致了两个学生不同的发展结果。

目标，像分水岭一样，把资质相似的人们分成为少数的精英和多数的平庸之辈。前者主宰了自己的命运，后者随波逐流，虚度一生。当一个人下定决心之后，往往没什么能阻止他（她）达到目标。一旦有了成功的渴求，就会产生强烈的使命感与责任感并为之拼搏。西方有句谚语：你想要的尽管拿去，只要付出相应的代价就行。有位哲人说："决心攀登高峰的人，总能找到道路。"强烈的动机可以驱使人超越诸多困境，无需扬鞭自奋蹄。如果你至今仍不清楚自己希望达到怎样的人生高度，那么请把你的目标写下来，矢志不渝地向着心中的目标拼搏进取，如此，你就会敏锐地捕捉到成功的契机，顺利抵达理想的境地。

必备知识

用简单的数学知识来说，两点之间，直线最短。假设以相同的速度行进，如果一个人看到明确的职业生涯目标，他就会努力地以直线式前进，很快地到达目的地；如果一个人没有看到目标，他就会像在浩瀚的沙漠中完全凭着感觉摸索的人一样，漫无目的、曲折前行，而且最终可能发现，自己又回到了起点，或经过多年的辛勤努力后，却两手空空，一无所获。

一、职业生涯目标概念

职业生涯目标是指个人在选定的职业领域内未来时点上所要达到的具体目标。职业生涯目标是个人未来职业发展的方向，是职业生涯的方针和纲领，对职业院校学生个人职业生涯有着重要影响。

美国哈佛大学有一项跟踪调查，其结果印证了"清晰的目标和方向对人生成功有着重要意义"：调查的对象是一群智力、学历、环境等条件差不多的年轻人，但是他们在目标设置上存在差异，据此将其分为四种人：

第一种人：约占3%，他们会制定并写下自己的目标。通常他们会非常认真地制定自己人生的目标，并且把它记录下来。一段时间以后，进行反思与检讨，看有没有实现自己阶段性的目标和阶段性的工作计划。

第二种人：约占10%，他们会认真思考自己的目标。尽管如此，但他们只是在那里想，我要这样，我要那样，我还要更好一点，我恐怕还要加强一些学习，我将来怎么样。但是他没有一个过程的设计，没有一个具体的计划。

第三种人：约占60%，他们曾经思考过自己的目标。但是他们并不认真，也谈不上什么计划，目标模糊。

第四种人：约占27%，他们完全没有人生的目标。过一天算一天，浑浑噩噩地过日子。

25年的跟踪研究发现，他们的生活状况和分布现象十分有意思：

占3%的第一种人，25年来几乎不曾更改过自己的人生目标，朝着同一方向不懈地努力。25 年后，他们几乎都成了社会各界的顶尖成功人士，他们中不乏白手创业者、行业领袖、社会精英。

占 10% 的第二种人，大都生活在社会的中上层。他们的共同特点是，那些短期目标不断被达成，生活状态稳步上升，成为各行各业不可缺的专业人士，如：医生、律师、工程师、高级主管等等。

占 60% 的第三种人，他们目标模糊，几乎都生活在社会的中下层面，能安稳地生活与工作，但都没有什么特别的成绩。

剩下 27% 的第四种人，那些 25 年来都没有目标的人群，他们几乎都生活在社会的最底层。他们的生活过得很不如意，常常失业，靠社会救济，并且常常都在抱怨他人，抱怨社会，抱怨世界。

在人生的竞赛场上，没有确立明确目标的人，是不容易得到成功的。许多人并不乏信心、能力、智力，只是没有确立目标或没有选准目标，所以没有走上成功的途径。只有设立了非常明确的目标，才会激发我们行动的动机，才会为了达到这个目标而不惜放弃其他事物，承受挫折，克服障碍迎难而上。

二、职业生涯目标的分类

（一）职业生涯目标按时间分解

按时间进程分为日常目标、近期目标、中期目标、远期目标、人生终极目标。这么多的目标并非处于同一个位置上，它们的关系就像一座金字塔（如图 3－1）。如果你一步一步地实现各层目标，取得成功注定容易获得；反之，你若想一步登天，那就相当困难了。一般说来，近期目标服从于中期目标，中期目标服从于远期目标，远期目标又服从于人生终极目标。

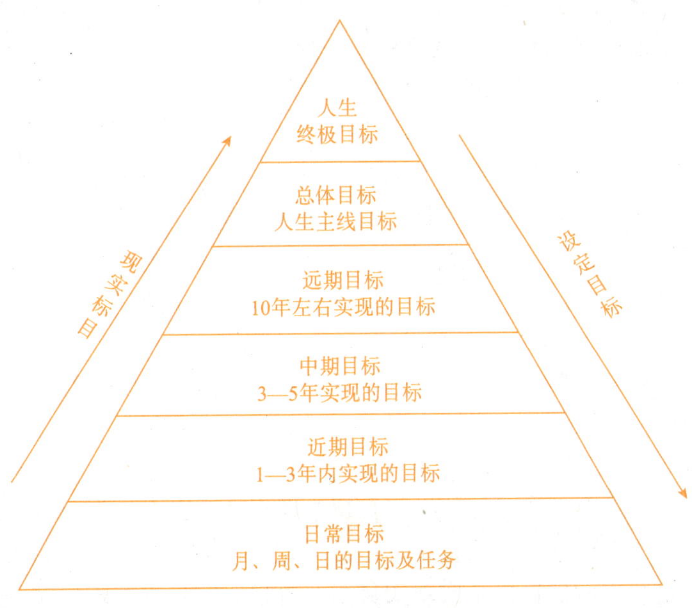

图 3－1　人生目标金字塔

1. 人生终极目标

一生最想成为什么样的人？想取得什么成就？这些问题的确定就是个人的人生终极目标。

2. 远期目标

基于自身的能力、发展潜力和社会经济发展的趋势，勾画出未来的个人职业前景和职业生涯高峰。这就是职业生涯的远期目标。长期目标一般为10年左右。它的主要特征是：目标是个人认真选择的，目标和社会需求相吻合；目标有可能实现，但难以确定实现的时间，在一定的时间范围内实现都可以；目标符合自己的价值观，能鼓舞自己，为自己的选择而自豪。它具有“未来预期”、“宏观综合”、“人生理想”、“发展方向”、“引导短期”和“自身可变”的性质。

3. 中期目标

一般为3—5年，它相对远期目标要具体些。其特征主要有：与远期目标保持一致；需要对目标实现的可能性做出评估；它必须是结合自己的意向及组织的要求来制定的目标；除定性外，还要有数据等来做出定量说明；符合自己的价值观，能增强自己的成就感。

4. 近期目标

一般指时间在1—3年内的目标，是中期目标和远期目标的具体化，具有操作性。其主要特征有：服从和服务于中期目标；目标明确、具体、切合实际且具有可操作性；明确规定目标具体完成的时间；目标可能是自己选择的，也可能是组织安排、被动接受的；目标要适应环境，适当提高一点，经过努力能够达到。

在选择近期职业生涯目标的时候，要注意以下几点：

（1）要把近期目标作为达到长期目标的初始步骤，通过一个一个地攻克近期目标，逐步逼近和最终达到远期目标。

（2）要讲求目标的有效性，注意目标易于达到。

（3）目标应符合社会需要。个人经过努力取得的成果，若能满足社会需要，社会也就能承认个人的成果，即认可人的职业生涯的局部成功。

人生终极目标是统帅，是灵魂，是抽象的理念，它贯穿于个人生活的每一个目标，每一个目标也都体现了人生的终极目标。比如，你希望自己能为社会做出贡献，那么无论你的学习、工作、生活都会以它为标准，学习是为作贡献作准备，工作则直接创造财富，生活上做到关心社会、服务社会。每一个目标实现的同时也实现了人生的终极目标。

人生远期目标有一定期限，它是由数个中期目标组成的，而中期目标则由数个近期目标组成，近期目标则是由日常生活小目标组成。这几类目标的关系就像一颗树，远期目标是干，中近期目标是枝，而日常小目标是叶。只有实现每一个小目标，才能实现近期目标；只有实现第一个近期目标，才能实现中期目标；只有中期目标实现了，远期目标才能实现。这好像连环套，大目标统率小目标，小目标牵制大目标，大目标是实现小目标的动力和催化剂，而小目标是实现大目标的阶梯。在目标管理体系中，就是这样彼此制约，相互影响。要制定每一步的战略目标，必须先弄清楚它们的关系和地位才行。

（二）职业生涯目标按性质分解

个人职业生涯目标按性质可以分为外职业生涯目标和内职业生涯目标。

1. 外职业生涯目标

外职业生涯目标侧重于职业过程的外在标记，具体包括职务、工作内容、工作环境、经济收入、工作地点等。

（1）职务目标：应当具体明确，一般包括技术职务和行政职务。许多人在确定职务目标时，定位很模糊。例如："我在两年之内成为公司的培训主管"，这是可以的；但"在两年之内成为公司的经理"，就比较模糊。我们必须明确是哪一类专业的职务。因此职务目标是"专业"加"职务"，如"人力资源经理"、"财务经理"、"负责销售的地区经理"等。做管理人员是职业生涯的方向，但不是具体的目标。职务目标需要具体化：负责全面工作的管理人员，如总经理；负责某一个部门的管理人员，如财务部门经理或人力资源经理等。

（2）工作内容目标：由于在生活中能够达到高层职位的人毕竟是少数，况且能否晋升最终决定权也不完全取决于自身。所以应把外职业生涯目标的重点转移到工作内容上来，即把某一阶段的工作内容列出详细的计划并付诸实施。工作内容目标，对于选择专业技术型发展路线的人尤为重要，因为这些人的发展体现在本专业技术领域取得的成果及相应地职称晋升上。

（3）经济收入目标：经济收入是每个人生存的物质基础，将它列入职业生涯目标无可厚非。可结合自己的实际能力大胆设想，比如要在30岁之前赚取20万元，40岁之前赚取200万元，对这些目标也要敢于制定。这些数字将成为个人今后重要的激励因素，往往可以直接促进其他外职业生涯目标的实现；但也要注意切合自己的实际，不要含糊不清或压根不敢写。

（4）工作地点目标和工作环境目标：如果对于工作地点和环境有特殊要求，就要在规划中列出此内容。

2. 内职业生涯目标

内职业生涯目标侧重于在职业生涯过程中的知识、经验的积累，观念、能力的提高和内心感受。

有的人一生都在追求外职业生涯的目标：追求在哪个单位上班，每天的工作是什么，职务是什么，工资是多少，上班的地点是哪儿，工作环境如何，几点上班，几点下班。其着眼点是追求外职业生涯的各个因素，但忽略了内职业生涯的发展。内职业生涯的因素，即知识、经验、能力、观念、心理素质、身体健康、内心感受等，都不是靠别人赐予的，而是一个人通过努力自己获得、掌握的，而且一旦获得，就成为别人拿不走、收不回的个人财富。

制定外职业生涯目标与内职业生涯目标是同时进行的，内职业生涯的发展是外职业生涯发展的前提，内职业生涯发展了，外职业生涯自然会得到提升。因此，在制定个人职业生涯目标时，内职业生涯目标是尤其应该重点把握的内容。

（1）工作能力目标。工作能力是对一个人处理职业生涯中各种工作问题的能力的统称。如能够和上级领导无障碍沟通的能力、能够组织大型公共关系活动的能力、能够组织结构设计的能力等。

（2）工作成果目标。工作成果目标指发现和应用新的管理方法，发表管理方面的文章，研制新的产品，创造新的销售业绩等。工作成果目标既有外职业生涯内容又有内职业生涯内容。工作成果本身属于外职业生涯目标，如：创造每年1000万元的销售额。但在取得工作成果目标的过程中所获得的知识、经验以及提高的心理素质和能力属于内职业生涯目标。

（3）心理素质目标。最终能够实现职业生涯目标的人和最终没能实现目标的人，区别并不在于是否在实现的过程中遇到困难，而是在于心理素质的不同。前者认真寻找真正的不足所在，并努力学习，掌握克服这些困难的方法；后者或者根本没有找到实现这些目标的方法，或者尽管发现了一些困难，但没有勇气找到合适的方法去解决这些困难。为了实现职业生涯规划的蓝图，就要不断通过培训和锻炼来提高心理素质。提高心理素质主要包括能够经受得住失败的挫折，经受住成功的考验，能够做到临危不惧、宠辱不惊等。

（4）观念目标。观念是对人对事的态度、价值观。引导行为的主要因素不是知识，而是观念。观念随时影响着人们的行动，影响着组织、领导、同事、客户对自己的态度。保持观念更新，始终把握思想阵地的前沿，也是规划个人职业生涯的重要一环。只有树立正确的观念，才能走好人生之路。

三、职业生涯目标设置原则

著名职业生涯规划专家程社明提出，选择职业生涯目标应把握四条原则：择己所爱，择己所能，择世所需，并在保证了前三个原则的基础上，追求就业收益最大化即择己所利。

（一）择己所爱（兴趣）

从事一项你所喜欢的工作，工作本身就能给你一种满足感，你的职业生涯也会从此变得妙趣横生。兴趣是最好的老师，是成功之母。在设计自己的职业生涯时，务必注意：考虑自己的特点，珍惜自己的兴趣，择己所爱，选择自己所喜欢的职业。

（二）择己所能（能力）

任何职业都要求从业者掌握一定的技能，具备一定的能力条件。而一个人一生中不能将所有技能都全部掌握。所以你必须在进行职业选择时择己所长，从而有利于发挥自己的优势。运用比较优势原理充分分析别人与自己，尽量选择冲突较少的优势行业。

（三）择世所需（知彼）

社会的需求不断演化着，旧的需求不断消失，新的需求不断产生。新的职业也不断产生。所以在设计你自己的职业生涯时，一定要分析社会需求，择世所需。最重要的是，目光要长远。

（四）择己所利（价值观）

职业是个人谋生的手段，其目的在于追求个人幸福。所以你在择业时，首先考虑的是自己的预期收益——个人幸福最大化。明智的选择是在由收入、社会地位、成就感和工作付出等变量组成的函数中找出一个最大值。这就是选择职业生涯中的收益最大化原则。

职业生涯目标的设置要符合自身特点，扬长避短；要符合组织和社会需求；要把"志当存高远"与脚踏实地相结合，注意长期和短期相结合；简明、具体、定位适度；要把职业目标、生活目标、家庭目标等协调统一。

四、职业生涯目标评估

职业生涯目标设置是否合理、科学，对目标能否顺利实现有着直接影响。因此，在进行职业生涯目标决策时，先要对设置的备选目标进行可行性评估、衡量。可以从五个维度对职业生涯目标进行可行性分析、评估，即SMART原则。

（一）明确的（Specific）

目标应该具体细致，明确如何做，这样才能有一个明确的结果。比如说，当你并不清楚工作的结果是什么时，那么你对现在该做什么就会很模糊，你必须要将目标清楚化。

（二）可量化的（Measurable）

目标可以以数字来衡量，有一个可以量化的标准，或者是其表现形式以数字化来描述。尽量避免诸如"更好地"、"更正确地"此类含糊其辞的表述形式。如果你只能将你的目标定一个大致的量，或是一个大范围，那么你能实现的结果只能是这个量或范围的底线。因此，用数字来表示明确的目标是做好的。

（三）切实可行的（Achievable）

目标绝非越高越好，无法实现的目标，即使定得再高，也只是海市蜃楼，而且还会挫伤我们的工作积极性，从而难以完成工作。许多人在工作中雄心壮志，总是说一些豪言壮语，唱一些高调，可是到后来却又总是毫无结果。为什么呢？就是因为他没有遵守最基本的一点——切合实际。

（四）注重结果的（Result - oriented）

"重过程更要重结果，有苦劳更要有功劳。"这是蒙牛企业著名的企业理念之一。毋庸置疑，任何一个企业都不可能不看重结果。以事实说话，以结果证明，已经是所有企业衡量员工能力水平的基本标准之一了。而个人如何在工作中实现自己的工作目标，最重要的一点就是，要注重工作的结果。

（五）有时间限制的（Time - limited）

任何目标的制订，都应该有一个时间的限制，什么时候开始，什么时候完成，甚至可以具体到某年某月的某一天。有了时间的限制，工作才会更有条理，更积极；反之，如果缺乏时间限制，极易使工作目标的完成变得遥遥无期。

五、职业生涯目标决策

在做职业生涯目标决策时，需要对各备选方案进行比较、排序，确定最优方案。比较目标优劣即"比一比"的目的是反复斟酌、排序择优，从多个备选方案中，挑选出最符合本人发展条件、实现可能性最大、对自身奋斗回报最高、最有激励作用的方案。

进行比较时，可采用目标的T字形评估法。这个评估法，用于多个方案的深度分析对比，以帮助正确选择目标的评估方法。通过对不同目标方案优缺点的比较，根据趋利避害、有利于长远发展的原则，最终确定适合的目标。如表3-1所示：

表3-1 T字形目标评估表

A方案评估

缺点	优点
1.	1.
2.	2.
3.	3.
4.	4.
5.	5.

B方案评估

缺点	优点
1.	1.
2.	2.
3.	3.
4.	4.
5.	5.

例如：是继续考大学还是马上参加工作？是换工作还是在本单位等待机会？如果两个目标方案无好坏之分时应做价值观澄清：

第一，我到底想要什么？

第二，我的价值取向是什么？

第三，什么是第一重要的事情？

如果回答了上述问题后仍无答案，就应提醒自己是否有这两者之外的更好选择。

通过对目标的比较分析，可能做出的决策有两种：一是终结性决定，是选出了最佳方案；二是调整性决定，是对原有的备选方案均感不满，决定重新探索发展目标，列出几个新的备选方案，再次进行决策分析。对于比较复杂的重大问题，往往需要反复多次分析选择才能做出决策。

拓展阅读

新生活是从选定方向开始的

比塞尔是西撒哈拉沙漠中的一个村庄，它靠在一块1.5平方公里的绿洲旁，可是在肯·莱文1926年发现它之前，这里的人没有一个走出过大沙漠。肯·莱文是英国皇家学院的院士，他对这个现象感到非常奇怪，通过手语向这里的人问原因是什么，结果每个人的回答都是一样：从比塞尔无论向哪个方向走，最后都还是要转回到这个地方来。为了证实这种说法的真伪，他亲自做了一次实验，从比塞尔向北走，结果三天半就走出了沙漠。

比塞尔人为什么就走不出来呢？肯·莱文百思不得其解，最后他雇了一个比塞尔人，与他同路向沙漠外面走，看看到底会发生什么事情。他们带了半个月的水，牵上两匹骆驼，肯·莱文收起指南针等现代化设备，只拄着一根木棍跟在他后面。10 天过去了，他们走了数百英里的路程，第 11 天早晨，一块绿洲出现在眼前——他们果然又回到了比塞尔。这一次肯·莱文终于明白了：比塞尔人之所以走不出沙漠，是因为他们根本不认识北斗星。

在一望无际的沙漠里，一个人如果凭着感觉往前走，他会走出许多大小不一的圆圈，最后的足迹十有八九是一把卷尺的形状。比塞尔村处在浩瀚的沙漠中间，方圆上千公里没有一点参照物，如果不认识北斗星又没有指南针，想走出沙漠，确实是不可能的。

肯·莱文在离开比塞尔时，带了一个叫阿古特尔的青年，这个青年就是上次和他合作的人。他告诉这位小伙子，只要白天休息，夜晚朝北面那颗最亮的星走，就能走出沙漠。阿古特尔跟着肯·莱文，3 天之后果然来到了大漠的边缘。

现在比塞尔已是西撒哈拉沙漠中一颗明珠，每年有数以万计的旅游者来到这儿，阿古特尔作为比塞尔的开拓者，他的铜像被竖在小城中央。铜像的底座上刻着一行字：新生活是从选定方向开始的。

职业生涯体验

人生曲线

准备：一张纸、一支笔。

操作：指导者先说明用人生曲线探索自己人生过程的意义。然后要求大家划一个坐标，横坐标表示年龄，纵坐标表示生活的满意程度。然后找出自己生活中的一些重要的转折点，连成线，边看着线边反省，并对未来的人生的趋向用虚线表示。最后在小组内（5～6 人），每位成员以坦诚的心情向他人介绍自己的人生。通过相互交流可以了解到每个人不同的人生经历。交流结束时，每个小组派一位代表在整个团体中交流自己通过活动的感受。

趣味职场

测试 1：　　生涯幻游

1. 做法。学生在老师的引导下想象 10 年后典型的一天，随后学生交流分享。

生涯幻游指导语：请你尽可能放松自己，舒服地坐在椅子上。现在请大家闭上眼睛，舒缓你的呼吸，完全放松自己，身体还有哪些地方没有放松，有的话，请放松、放松、放松……

现在，我希望你想象自己乘坐时光飞机进行一次时空旅行，你的目的地是未来10年后的一天，就是2023年×月×日的早上。

新的一天，你刚从梦中醒来，还躺在床上，这时候是清晨，最先看到了熟悉的天花板，天花板是什么颜色的？接着你准备下床。尝试去感觉脚指头接触地面那一刹那的温度，冰凉的、冷冷的，还是软软的、暖暖的？

接着你起床了，经过一番梳洗之后，你来到衣柜前，准备换衣服上班，今天你要穿什么样的衣服上班？

当你用完餐后，走出家门前往工作的地方，你回头看了一下你的家，它是一栋什么样的房子？然后，你将搭乘什么样的交通工具上班？

你进入你工作的地方，你跟同事打了招呼，他们怎么称呼你？

上午的工作开始了，你的工作内容是什么？很快地，上午的工作结束了，午餐如何解决？你准备和谁去什么地方用午餐？午餐还愉快吗？

接下来是下午的工作，跟上午的工作内容有什么不同吗？

你要下班了，或者你没有固定的下班时间，但你即将结束一天的工作，下班后你会做什么？

晚餐的时间到了，你会在哪里和谁一起用餐？

用完餐后，你正在想着明天一个庆典的事情，那是一个颁奖典礼，你是领奖者之一。想想看那是一个什么样的奖项，谁会给你颁奖？想象一下你领奖时的感受，如果你将发表获奖感言，你打算讲些什么？

休息的时候到了，你躺在床上回忆一下今天你的工作和生活，今天你过得愉快吗？你希望明天还是如此吗？你对这种生活的感觉究竟是如何？

过一会儿，我将带领你回到现在——2013年×月×日，回到你现在所在的教室来，我从10开始倒数，当我数到0的时候，就可以睁开眼睛了。

好，10－9－8－7－6－5－4－3－2－1－0。

好了，你回来了，请睁开眼睛，看看周围的一切，欢迎你旅游归来，这次不同的“旅游”。

经历给你带来的感受是什么？你从中得到什么样的启发？有没有哪个同学愿意跟大家分享一下你的生涯幻游经历？

2. 目的。帮助学生深层次挖掘自己内心想要的生活，将其场景化、形象化，从而更加明确自己的职业目标。

3. 学生交流分享、教师引导。

测试2：10年后的名片

1. 做法。学生在纸上写下10年后的“姓名、称谓（即职位或头衔）、单位或者机构的名称或者行业、地址（或工作地点或地域）”，随后学生交流分享。

2. 目的。帮助学生初步理顺自己的职业目标。

3. 教师引导。

这个名片的作用，就是帮助我们初步梳理一下自己的思路，帮助我们把模糊的职业目标清晰化。还有很多同学名片的第二、三、四项不能清晰的，说明我们很多同学在职业目标初步确立问题上还有很多困惑。

第二节 职业生涯目标的实施

名言警句

骐骥一跃，不能十步；驽马十驾，功在不舍；

锲而舍之，朽木不折；锲而不舍，金石可镂。

——荀 况

案例导入

小波进旅游专业学习后，制定了从“地导”做起，之后2年做到“省导”，再过5年成为“国家导游”的职业规划。他在老师的建议下，把取“地导”证书的时间定在一年级升二年级时的暑期。为了提前拿到本地的导游资格证，他在一年级计划中要求自己改掉上课容易思想“开小差”的毛病，还要自学与本地人文景点关系密切的清朝历史，要练好普通话。小波和同桌小华击掌盟誓，约定互相督促。他每次对照计划检查自学清朝历史的进度，都会感到任务真紧、时间过得真快，就不断给自己“上弦”。可上课爱“开小差”的毛病真不好改，幸亏小华上课时常捅一下。两个月后，还真有长进，听课专心多了。练普通话就更麻烦了，特别是回家说普通话，父母说他“打官腔”，邻居用让人说不出来滋味的眼光看他。小波索性一不做二不休，把想提前取导游证的计划告诉家人、亲友、街坊，请大家提醒自己。没想到，这广而告之的方法真管事，大家都成了帮小波练普通话的监督员，他的“土音”少多了。一年级结束时，他果然拿到了当地的导游资格证，暑假在本地景点里过了一把导游瘾，把下一年的学费挣出来了。

案例点评：第一，一个人要想真正获得成功，那么他首先需要确立一个发展方向；在不同的发展阶段，应该给自己设定不同的且切合实际的目标。第二，当人们的行动有了明确目标的时候，还要把行动与目标不断地加以对照，进而清楚地知道自己的行进速度与目标之间的距离，人们行动的动机就会得到维持和加强，就会自觉地克服一切困难，努力到达目标。目标越清晰，成功的可能性越大。

必备知识

树立长期目标，构建阶段目标，罗列具体的实施方案（也称行动计划、措施），然后是行动起来贯彻落实，这是职业生涯规划成功的保证。在确定了职业生涯目标后，就要制订相应的行动措施来实现它们，把目标转化成具体的可操作性的实施方案去执行。具有可操作性和针对性是实施方案的两大基本特质，同时制订的实施方案应是阶段目标的细化且与职业生涯目标相一致，还要经常对照检查落实情况，促进实施方案转变成现实。

一、职业生涯目标分解

在确立了自己的职业生涯规划目标后，如何保证实现它就成了关键所在。通常我们先要分解职业生涯目标。因为，职业生涯目标一般都是长远目标，是展望个人职业前途的一个愿景，是职业生涯发展所追求的最高职业目标。这个目标需要个人经过长期艰苦努力、不懈奋斗才有可能实现。

要完成职业发展长远目标，就必须将长远目标进行分解，分解成一个一个阶段目标，逐步完成。各阶段目标之间的关系应该是阶梯形的，前一个目标是后一个目标的基础，后一个目标是前一个目标的方向，所有的阶段目标都指向长远目标。所以，阶段目标搭建是否合理，既是长远目标能否实现的必要前提，也是衡量职业生涯规划设计优劣的重要指标。

那么，如何分解职业生涯目标，或曰如何搭建阶段目标？

最常用的是“倒计时”的方式，即根据达到长远目标所需要的台阶，一步一步往回倒着设计。“倒计时”的设计，既可以用“什么”即职位或职业资格标准为台阶，再确定上每个台阶的时间；也可以用“何时”即以年龄段或时间段为台阶，再确定每个台阶应达到的目标。

如果以年龄为台阶来设计，假设你28岁定一个长期目标。你应该注意哪些方面呢？28岁是一个关键的年龄。要有一定的职业经历，有一定的经济收入，还应该要有一定的社会地位。你要倒计时设计，就要想你25岁、23岁、20岁、18岁等你所应该达到的目标，一个个的阶段性目标。比如，规划自己10年后要成为一个高级技师，那么在第八九年时需要成为技师，第六七年时则需要成为高级工，第四五年时又要成为什么级别工，一直到现在自己所要做的方方面面的工作和应该采取的措施。这就是倒计时思路。

将长远目标分解为阶段目标的步骤要领有以下方面：

（1）理清长远目标对从业者的要求。例如，对职业资格、学历、专业知识和技能、工作经验、阅历、人际网络、资金以及职业道德等方面的要求。分析自己与这一长远目标之间的差距，把差距分类，并按照与达到长远目标的关联程度排序。以分阶段弥补差距为目的，选择阶段目标的“台阶”，为各段目标起个简洁、明确、醒目、层次分明的题目，写清达到目标的内涵和其他相关内容，对前后衔接的两个阶段目标要进行比较，理顺“什么”与“何时”的关系。

总之，脉络清晰、分段有据、阶梯合理、内涵明确、表述准确、衔接紧凑、直指长远目标，是设计阶段目标时需要注意的。另外，要有应对变化的预案，以便根据当时的环境和机会，灵活选择不同标准，让自己有更多的机会体验成功。

（2）在分段数量上，职业生涯目标既可分为近期目标与中期目标两大段，也可依据年龄或职务职称等细分为3—5个阶段目标，甚至更多阶段目标。

（3）在表现形式上，可用图形示之，可用表格示之，可用文字叙述示之，也可兼而用之。形式是为内容服务的，关键在于简明扼要、一目了然，能发挥阶段目标的自我激励和自我监督作用。

（4）在分段方法上，既可以按职务晋升设计自己的阶段目标，也可以按职业资格标准的提升安排阶段目标，还可以按时间设计自己的阶段目标。不论长远目标是什么，不论怎样分段，你所学专业对应的适合横向、纵向发展的职业，都应该成为确定阶段目标的重要依据。

根据已确定的长远目标的要求，在认真分析自身现有条件的基础上构建阶段目标，对二者间的差距进行分解，然后分步推进。构建不断提升的各阶段目标，其目的在于分步缩小现实的我与未来的我之间的差距，分段提升自身素质，不断向长远目标攀登。

下面是一位国际贸易专业的学生对自己的职业生涯目标进行分解，他是按年龄设计自己的阶段目标的。

阶段一：20到23岁（相当于职业院校学生的职业规划经历）

成果目标：通过实践学习，了解国贸专业及法学专业基本知识，顺利毕业，并进入企业工作。

学历目标：取得毕业证书、学位证书、计算机一级证书、英语六级、BEC中级证书，考取证券从业资格证、会计从业资格证、报关员证、外贸单证员证、外销员证和外贸业务员证等。

能力目标：从事一定的管理工作，做兼职，有一定的实践经验。

阶段二：23到29岁

职务目标：进入企业从事外贸工作。

能力目标：了解企业文化，掌握本职位基本工作，工作在同事中居于突出位置，与同事关系良好，与上级有一定沟通，增加人脉，与业务单位保持工作和私人联系。

经济目标：到29岁时，年薪6～8万元。

学历目标：考取国际商务师证。

阶段三：29到35岁

职务目标：企业外贸人员领班。

能力目标：带领团队从事企业内外贸工作，业绩在其他团队中居于领先地位，与下属及其他团队人员保持良好关系，参与部门内工作讨论决策，与上级主管及部门经理无障碍沟通，与业务单位紧密联系。

经济目标：年薪8～12万元。

学历目标：获取出国学习的机会。

阶段四：35到43岁

职务目标：企业外贸工作主管。

能力目标：带领手下各个团队制定计划，向上级提交出色的业绩，逐步形成自己的管理理念，向上与公司高层管理人员有一定接触，发展私人关系，初步了解企业运作机制，培养应急处理能力，向下与领班及业务员保持自由沟通，维持私人关系，与业务单位保持紧密联系。

投资目标：开始利用手头闲置资金，投资股票、证券、基金、房地产等，获取利润。

经济目标：年薪12～15万元，投资盈利3～5万元。

学历目标：获取出国学习考察调研机会。

阶段五：43到53岁

职务目标：企业内主管外贸工作的部门经理。

能力目标：打造部门文化，制订部门战略计划，与其他部门保持有效沟通，参与企业重大决策，与高层管理人员保持密切联系，团结其他部门，与下属保持亲密接触。拓展人脉，与其他企业中高层管理者保持工作上及私人联系，在业界有一定知名度。

经济目标：年薪15～25万元，投资盈利5～10万元。

学历目标：到高校讲授管理及外贸技能。

火箭飞向月球需要一定的速度和质量。科学家们经过精密的计算得出结论：火箭的自重至少要达到100万吨，而如此笨重的庞然大物无论如何也是无法飞上天空的。因此，在很长一段时间里，科学界都一致认定：火箭根本不可能被送上月球。直到有人提出“分级火箭”的思想，问题才豁然开朗起来。将火箭分成若干级，当第一级将其他级送出大气层时便自行脱落以减轻重量，这样，火箭就能够被送上月球。分级火箭的设计思想启示我们：要学会把目标分解开来，化整为零，变成一个个容易实现的小目标，然后将其各个击破。这不失为一个实现终极目标的有效方法。

有效的职业生涯规划，需要将长远目标与阶段目标结合起来，以排除不必要的犹豫和干扰，全身心致力于目标的实现。有了明确的目标，才会激励人们努力奋斗，并积极去创造条件实现目标。是职业生涯规划优劣的重要标志。

二、实施方案制订——阶段目标的细化

（一）实施方案的概念

实施方案即针对实际情况为实现职业生涯目标而采取的行动措施，包括具体的而明确的行动任务、行动步骤和行动时间安排。没有实施方案的规划，只是一个无法成真的美梦。因为如果动机不转换成行动，动机终归是动机，目标也只停留在梦想阶段。今天站在哪里并不重要，但是下一步迈向哪里却很重要。

有个人给自己立下目标：在有生之年赚100万元，但是他一无技术，二不勤奋，他幻想通过向上帝祈祷中彩票来发财。于是，他每隔两天都要到教堂去祈祷，而且他的祈祷词几乎每次都是同样的：“上帝啊，请念在我多年来敬畏你的份上，让我中一次彩票吧。”但是，上帝一次都没有满足他的愿望。就在他濒临绝望的时候，上帝出现了，对他说“老兄，我实在没办法帮你，最起码你要去买一张彩票吧！”

这个故事是虚构的，但现实社会中这样的人其实很多。他们虽有雄心壮志，却没有切实可行的行动方案并切实去执行，到最后一事无成、生活失意落魄就归咎于国家、社会、环境，甚至说自己命不好。这个故事告诉我们：确定目标后，行动便成了关键的环节，没有达成目标的行动，目标就难以实现，也就谈不上事业的成功。

（二）制订思路——近细远粗

实施方案是近期或第一阶段目标的行动措施，要非常具体；第二阶段之后的行动措施，则可以“模糊”一些。之所以要“近细”，是因为近期或第一阶段的目标是马上就要执行的，行动措施应该是可操作的：即要有任务排序、时间安排、执行要求等量化指标。“远粗”是因为后几个阶段的行动措施，可能因为本人和环境等各项因素发生变化而需改变和调整，所以不宜也不用具体化。

任务要素指围绕实现职业生涯发展目标我们要做的各项工作和事宜，即“做什么”。时间要素指实现职业目标的各项措施应有具体的时间要求，包括两个方面：一是什么时候达到这个目标，即目标的实现应该有期限；二是什么时候实施达到目标所采取的各项措施，即任务完成的时间安排。执行要素即“做到什么程度”。

（三）制订依据——弥补差距

根据“现在的我”与“明天的我”之间的差距制订行动措施，即现有职业能力与职业要求之间的差距，现有知识、技能水准与职业资格标准之间的差距，现有学历与岗位要求之间的差距，个人职业素养与职业要求之间的差距等，应当成为实施方案制订的主要依据。

我们可以将这些条件一一列举出来，然后考虑一下，我们目前还欠缺哪些条件。一旦这些欠缺的条件被弥补了，我们才更加有可能获得成功。所以，实施方案的制订不仅以全面提升自身素质为目的，更强调弥补自身条件与目标实现之间的差距。

如果打算毕业后立即就业，应全面了解职业和岗位对从业者的职业兴趣、职业性格、职业能力以及专业知识和技能等方面的要求，还要了解相应的职业资格标准和行业职业道德规范。如果打算毕业后立即创业，应该多了解对创业者的素质要求。如果打算毕业后先升学、再就业，则应熟悉一下取得高一级学历的各种途径及其要求。了解清楚后，再全面分析自己的素质和能力与近期目标要求的差距，针对差距比如思想观念的差距、知识的差距、心里素质差距、能力差距等，明确通过怎样的方式途径来补充发展条件，弥补差距。

程锐是某职业院校市场营销专业的学生，他的长远目标是成为一家大公司的总裁，近期目标是顺利毕业，成为一个有一定经验的市场营销人员。下面是他对“现在的我”与“目标的我”比较分析：

要成为一个有一定经验的市场营销人员，需要缩小自己与有一定经验的市场营销人员的差距。这些差距包括：

（1）思想观念上的差异。刚从事销售的人一般会认为销售只是卖出商品，但有一定经验的人则会认为销售是“卖出自己”——客户只有相信销售者，才可能购买商品。为了缩小这种差距，需要向有经验的人员请教，并在实践中去体会这一点。

（2）知识上的差距。书本知识的欠缺只是一个方面，更重要的应当是实践的差距。

为了缩小这种差距，需要在学习书本知识的同时，多参与真正的市场销售，在实践中体会书本知识。

（3）心理素质的差距。市场销售需要百折不挠的精神，而作为一个职业院校学生，缺少的可能恰恰是这一点，往往遇到些许挫折和失败就会退缩。这种差距需要在实践中逐步消除。

（4）能力的差距。这一点可能是最重要的。为了缩小这种差距，除了在实践中逐步学习之外，还要和七八名销售高手保持密切的联系，以便随时请教和学习。

三、方案编排

实现近期目标的措施，应当既全面，又保证重点。所谓全面，指的是全面提升自身素质。所谓重点，则是强调在全面提升自身素质的前提下，要针对自身条件与目标实现之间存在的差距，有重点地解决问题。

编排执行计划可以采用从年开始，向月、周、日细化的方法。年度计划可概括，月、周、日计划要详细。内容应按轻重缓急排序。日计划是周计划的再一次细分。今天怎样度过？要做哪几件事？这就是每天的计划和具体安排。当天最重要的事，要在前一天做好计划，这样才能掌握好每一天。定好日计划和执行好日计划，就会养成每天安排自己的工作的习惯，才能一步一个脚印，更快、更好地获得职业生涯的成功。

为在校3年学习生活制订周密的计划，学会自我管理，是职业院校学生职业生涯规划的重中之重。成功没有偶然，机遇总是垂青有准备的人。从职业生涯发展的角度来看，3年的职业院校学习生活可以这样合理规划：

（一）高职3年的粗线条计划

一年级：探索期

阶段目标：职业生涯认知和初步规划

实施方案：首先，要进行由角色转变，重新确定自己的学习目标和要求。其次，要开始接触职业和职业生涯的概念，特别要重点了解自己未来所希望从事的职业或与自己所学专业对口的职业，进行初步的职业生涯规划。熟悉环境，提高人际交往和沟通能力，积极参加社团活动。在学习方面，要打下扎实的专业基础，加强英语、计算机能力的学习，为将来职业发展做好准备。

二年级：定向期

阶段目标：初步确定发展方向、培养自身能力与素质

实施方案：全面、客观地认识自我，考虑未来的发展方向（深造或就业）。通过参加学生会或社团等组织，锻炼自己的领导组织能力、团队协作精神，同时检验自己的知识技能。尝试与自己未来职业或与所学专业有关的兼职、社会实践等活动，提高自己的主动性、责任感和承受能力，提高实践能力，积累职业经验。加强专业知识学习的同时，职业院校学生还要考取与目标职业有关的职业资格证书或通过相关的职业技能鉴定。

三年级：冲刺期

阶段目标：掌握求职技能，成功就业

实施方案：检验自己确立的职业目标是否明确，准备是否充分，进一步锻炼自己，在实践中增强自己的职业竞争能力，增强自己的综合素质和能力，为职业生涯发展打下良好的基础。搜集就业信息，提高求职技巧，积极参加招聘活动，了解和掌握有关的就业政策，最终实现成功就业。

（二）每学年的计划

根据在校3年的粗线条计划，再以每学年或每学期学校的教学计划和工作安排为基础编排学年或学期计划，并在执行中依据实际情况及时进行调整。计划的内容应按轻重缓急进行排序。以下是某同学大学一年级的目标和计划措施：

	知识方面	能力方面
一年级目标	1. 保证文化基础课每一门成绩达80分以上，专业课成绩达90分以上； 2. 考取全国英语等级考试一级证书； 3. 考取全国计算机等级考试一级证书； 4. 准备参加电工从业资格考试； 5. 参加第六届全国中等职业学校“文明风采”竞赛，争取获奖。	1. 提高领导和组织能力； 2. 进一步锻炼自己的写作和口头表达能力，增强自信心； 3. 积极参加班校集体活动，与同学多交流，并形成良好的交际圈； 4. 多从事社会实践，多接触社会，增长经验。
计划措施	1. 每天早上7点前到校读英语，背单词，晚上练听力半小时； 2. 休息日到市图书馆英语角与外教交流； 3. 前预习，课堂认真听讲，当天完成作业； 4. 多去图书馆，广泛阅读书籍、报纸杂志，拓宽知识领域，弥补人文素质的不足； 5. 参加学校计算机项目兴趣小组，强化实际操作； 6. 熟悉“职业生涯规划”设计比赛规定，在5月底前提交“文明风采”竞赛作品1件。	1. 竞选班干部、校学生会宣传部部长； 2. 课堂发言积极，勇于发表意见，主动与老师沟通； 3. 主动与同学交谈，交流思想； 4. 每周放学后打球两次，每次1小时； 5. 积极参加学校举办的有关比赛； 6. 做推销员等社会兼职。

四、实施方案执行

措施必须去落实，否则目标永远无法实现。我们应该学会制订执行计划，并用执行计划约束自己的行为。

（一）瞄准目标，有效行动

所谓有效的行动，就是行动要始终围绕着目标而进行。好像射箭一样，无论从哪个方向射，无论怎么射，都要对准靶心，这样才使自己的行动成为有效的行动。要做到这一点，就要对自己的行动加以强化和约束。

1. 集中力量向目标发起进攻

集中力量，包括集中脑力、集中时间、集中精神、集中物力和财力等一切可调动的“能量”，千方百计、千辛万苦为实现目标而努力。人的力量是有限的，如果不把力量最大限度地集中到实现目标上，把过多的力量耗费在无谓的事务上，就不可能有效地实现目标。凡是出色的成功者，都能把注意力集中到实现伟大的目标上，甚至到了废寝忘食、如醉如痴的境界。

美国生物学家克林莱斯拍到过这样一组精彩镜头：有一种麻雀大小的鸟儿扑扇着翅膀刚停在沙地上准备觅食时，潜伏在沙子里的蛇猛地张开大口窜了出来，鸟儿用爪子一下又一下地拍击着蛇的头部，但是力量有限，蛇依然对鸟儿攻击不止，鸟儿一边躲闪着蛇的血盆大口，一边用爪子拍击着蛇的头部，其准确程度分毫不差，就在鸟儿拍击了1000 多下时，蛇终于无力地瘫软在沙地上，再也爬不起来了。

这种鸟儿和蛇的力量对比是悬殊的，它甚至还没有一只麻雀飞得高，生物学家能做出的唯一解释就是，这种鸟儿在经过长期的经验积累后，终于掌握了一套对付蛇的办法，那就是瞄准一个点，持之以恒地用爪子击打蛇的头部。在现实生活中，很多人之所以失败就是没有瞄准一个点，持之以恒。而成功者则瞄准了这个点，并坚持走到了最后。这个点就是自己所定的目标。人生的理想，只要能瞄准一个点，哪怕力量微小，但只要坚持，就一定能够到达胜利的彼岸。

2. 排除无益于目标的活动和干扰

在日常学习和工作中，会有许多无益于目标的活动和干扰，如没有多少价值的会议，鸡毛蒜皮的杂事、毫无意义的扯皮、闲聊天、打扑克等等。对于这些无益于目标的活动要尽量避免。有些爱好是有益的，但由于嗜好而大量地浪费宝贵的时间则得不偿失，如每天晚上看几个小时电视等。

3. 注意行动不要偏离目标轨道

目标行动，往往会受到某些阻力或者是受自身习惯的影响而偏离轨道。发觉以后要及时加以纠正，免得回到老路上去而前功尽弃。

检查行动是否脱离轨道的依据，是短期目标，特别是短期目标中的周目标和日目标。如果发现你的行动与目标不符，就应引起注意，调整你的行动方案。

4. 不受他人的影响

在实现目标的过程中，可能会听到一些风言风语，甚至一些讽刺打击的意见。有不同的看法是正常的，因为自己的目标并不一定非要得到他人的赞同。只要自己认准了目标，就朝着这个方向前进，不要在意别人怎么想、怎么说、怎么做。

（二）脚踏实地，忍耐坚持

职业院校学生要实现自己的职业生涯目标，只有立即行动还不够，还要不怕困难，持之以恒。这是因为，前进的道路并非平坦大道，可能出现各种各样的困难，遇到各种各样的矛盾，如果没有克服困难坚持到底的精神，职业生涯目标是实现不了的。

困难都是难以解决的问题，往往不是一朝一夕、举手投足就能解决的。要实现自己的职业生涯目标，就要敢于面对困难，横下一条心，像愚公移山那样，面对大山毫不动摇，每天挖山不止。

有些人在行动当中，顺利时干得很来劲，精神百倍、志高气昂；一遇到困难，马上就如同泄了气的皮球一样，垂头丧气、意志消沉，不是去积极地寻找解决问题的方法，而是怨天尤人、牢骚满腹，埋怨命运不济、条件不好、别人不予配合，等等。总之，事情干不成，都是别人的原因。有了这些原因，也就找到了干不成的理由。此时，可以心安理得地不干了，职业生涯发展也就终止了。

有些人在行动当中不是没有能力解决困难，而是觉得解决困难太累，不愿为此付出努力。实际上是吃不了那个苦，所以也就不再坚持了。其实，世界上没有一件真正有价值的事情，不是通过辛勤劳动而成功的。

有些人在行动中总想急于求成，所以就走捷径、找窍门，想在很短的时间内一下子把所有的问题都解决，把所有的事情都干完。一旦抓一阵子不见成效，就丧失信心，不再坚持下去了。要想干出一番事业，就得有蚂蚁啃骨头的精神，按照你的生涯规划一步一步地干，不要幻想一锄头就能刨出个“金娃娃”。

有些人在职业生涯规划的初期，坚持行动是没有问题的，但随着时间的推移，动力就逐渐减少，行动也就难以坚持了。特别是工作忙时、工作有变动或家里有什么特殊情况时，按计划行动就更成问题了。有的人在此时就放弃了行动，终止了生涯规划的发展。

以上种种，均使行动难以维持。一个人要想获得事业成功，必须具有敢于克服困难、敢于拼搏、坚持到底的精神。科学家居里夫人曾说：“我们的生活都不容易，但是那有什么关系？我们必须有恒心，尤其要有自信心！我们必须相信我们的天赋是要用来做某种事情的，无论代价多大，这种事情必须做到。”是的，居里夫人的成功，除了她的天才之外，就在于她的恒心。如果没有这一点，那么从数吨废渣中提取 0.12 克氯化镭是不可想象的。爱迪生为了搞发明，被车长打聋了耳朵；诺贝尔为了发明无烟炸药，自己被炸伤，他的弟弟和四个助手被炸死。如果他们没有坚定的毅力，没有克服困难的精神，没有持之以恒的拼搏，是不可能取得事业成功的。

科学家的成功启示我们，要实现你的生涯目标，干成一番事业，就得经得起挫折，不能半途而废。美国著名学者安东尼·卡索从他亲自策划和主持过的上百次民间测验中，整理和归纳了美国 500 家大企业创立人成功的要点和原则，得出的“创业‘十要’”中就有这么一条：做一件事坚持到底最重要。相反，半途而废就会在商场竞争中一事无成。

从龟兔赛跑的故事中也可得出同样的结论，竞赛的胜利者之所以是笨拙的乌龟而不是兔子，关键因素就是兔子在竞争中缺乏坚持精神。因此，持之以恒，坚持行动，对职业生涯发展的成功至关重要。

（三）灵活机动，迂回前进

职业生涯目标的实现，一方面靠苦干、实干；另一方面也需要灵活机动地干。特别是在当今多变时代，一切因素都处在变化之中，职业生涯规划不可能脱离现实，变是正常的，不变才是不正常的。因此，在此环境中，职业院校学生只有灵活机动，迂回前进才能达到其目的。

所谓灵活机动，主要是根据内外环境的变化，及时对自己的职业生涯规划进行调整。必要时应准备几套实施方案，当情况发生变化，第一方案受阻时，就按第二方案行动。环境在变，行动也应做出相应的调整，这样就能避免由于内外环境的变化而使规划落空。

在适应内外环境变化的同时，还要学会迂回前进。在人生道路上，遇到困难总是难免的。人生遇到困难，就如同你驾车外出办事，在行车中遇到此路不通。此时，你怎么办？是停车不动、是打道回府，还是绕道而行。你一定会绕道而行，到达目的地，把事情办完，这就叫“迂回前进”。人生事业的发展，要获得理想的成功，也应当如此。

（四）管理时间，有效利用

一些年轻人往往强调自己没有时间，其实时间是找出来的，挤出来的。只要你看准是对自己很重要的或是自己想做的，你一定能找时间去做，人不怕没有时间，就怕没有计划。制订一个落实措施的计划，能帮助自己挤出时间，能防止自己浪费时间。

职业院校学生浪费时间的表现有显性和隐性两种：显性的时间浪费，如漫无目的地上网、逛街、聊天，这种时间的浪费几乎不创造任何价值；隐性的时间浪费，如不专心听课，边看书边听音乐，它给我们造成一种假象，似乎正在专心从事手头的工作，实际上并非如此，它有时候比什么都不干还糟糕。

如何管理时间，介绍两种方法：

1. 六点优先管理法（2.5 万美元时间管理法）

该方法是效率大师艾维利在向美国一家钢铁公司提供咨询时提出的，它使这家公司用了 5 年的时间，从濒临破产一跃成为当时全美最大的私营钢铁企业，艾维利因此获得了 2.5 万美元咨询费，故管理界将该方法喻为“价值 2.5 万美元的时间管理方法”。

这一方法要求把每天所要做的事情按重要性排序，分别从“1”到“6”标出 6 件最重要的事情。每天一开始，先全力以赴做好标号为“1”的事情，直到它被完成或被完全准备好，然后再全力以赴地做标号为“2”的事，依此类推……

艾维利认为，一般情况下，如果一个人每天都能全力以赴地完成 6 件最重要的大事，那么，他一定是一位高效率人士。

2. 麦肯锡 30 秒电梯理论

世界著名咨询机构麦肯锡公司有过一次教训：该公司曾为一家重要的大客户做咨询，咨询结束的时候，麦肯锡的项目负责人在电梯间里遇见了对方的董事长，董事长问他：“你能不能说一下现在的结果呢？”由于该项目负责人没有准备，而且即使有准备，也无法在电梯从 30 层到 1 层的 30 秒钟内把结果说清楚，最终，麦肯锡失去了这一重要客户。从此，麦肯锡要求公司员工，凡事要在最短的时间内把结果表达清楚，凡事要直奔主题、直奔结果。麦肯锡认为，一般情况下人们最多记得住一二三，记不住四五六，所以凡事要归纳在 3 条以内。这就是如今在商界流传甚广的“30 秒钟电梯理论”或称“电梯演讲”。

一旦确立了目标，就要全力以赴，决不为自己的一丝松懈开脱。一个出身贫困的美国黑人，年轻时胸怀大志，为帮补家计，凭借自己壮硕的身体，从事各种繁重的劳动。有一年夏天，他在一家汽水厂当杂工，除了洗瓶子外，老板还要他拖地板、搞清洁等，他总是毫无怨言地认真去干。一次，有人在搬运产品中打碎了 50 瓶汽水，弄得车间一地玻璃碎片和泡沫。按常规，这是要弄翻产品的工人清理打扫的，但老板为了节省人工，要干活麻利爽快的黑人小伙去打扫。当时他有点气恼，想发脾气拒绝，但又一想，自己是厂里的清洁工，这也是分内的活儿，于是他尽力把满地狼藉的脏物扫得干干净净。过了两天，汽水厂负责人通知他：他晋升为装瓶部主管。由此，他记住了一条真理：凡事全力以赴，总会有人注意到自己的。这个黑人青年就是科林·卢瑟·鲍威尔。

不久，鲍威尔以优异的成绩考进军校。后来，鲍威尔官至美国参谋长联席会议主席。布什总统组阁时，他被任命为国务卿。鲍威尔在五角大楼上班时，这位四星上将往往是最早到办公室最迟下班的。同事们赞赏说："我们的黑将军，无处不身先士卒啊！"

全力以赴使一个黑人走进了白宫，走进了美国最高权力核心。可见，全力以赴是一种奋力向前的精神，是一种坚忍不拔的信念，是一种舍我其谁的品格。因此，我们做事应该全力以赴！只有这样，才能离目标越来越近。相反，如果目标只停留在空想阶段，那规划只能是一纸空文。

请记住歌德的一句名言："仅有知识是不够的，我们必须应用；仅有愿望也是不够的，我们必须行动。"就是说，仅有思考，理想不会变成现实；仅有期待，美梦不会成真；仅有幻想，目标也只能是泡影；只有付诸行动，理想才会真实而明确地展现在你的眼前。

拓展阅读

阅读资料一：

我想当调酒师，我想开酒吧

河北省廊坊市食品工程学校的陈闯　指导教师：冀利凯

选择一个合适的职业，是一个人走向成功最短的一条路。如果说职业是通向成功的一条直线，那么在职业生涯中不断地进取和努力，就是这条线上的每一个点；由这些点构成的每一条线段，连成了通向职业生涯最高目标的路程。

＊兴趣爱好

有一定的艺术天分，喜欢绘画和造型艺术，但总不爱按部就班、规规矩矩，愿意异想天开，自我创新。还有一个爱好，羞于说出口，那就是——喝酒！但我可不是酒鬼，我只是喜欢酒的那种醇香！

＊生活环境

我家在农村，属于那种城市边缘的农村。所以，在我的成长过程中，像城市中的孩子一样上幼儿园、去少年宫……培养了我对很多东西的兴趣，增强了我的动手、动脑能力。我对于绘画和形体艺术的热爱，就是从参加少年宫的活动过程中培养起来的。而对于酒的热爱，则可能是遗传——我的父亲也喜欢。我学的是食品（生物）工艺专业，和酒有千丝万缕的联系。

＊现在我与将来我的差距

我的理想是开一间酒吧，成为一名优秀的调酒师！但是，现在的我对于调酒师这个职业了解还有限，对于酒吧的经营管理也不甚了解。同时，成为一名调酒师应有的一些特质，我也不太突出，比如，嗅觉、味觉的灵敏度还需要训练。但是我相信，凭借我对职业的热爱，通过我的勤奋努力，一定能够实现自己的理想。

＊阶段规划

在校期间打好专业基础（18—21岁）→酒吧打工（21—23岁）→针对性学习调酒技艺（23—25岁）→调酒师（25岁）↗开自己的酒吧（30岁）↘ ↘向更专业的国际化水平发展（25—35岁）↗具有国际水平的高级调酒师（35岁）。

＊具体措施

1. 在校期间打好专业基础（18—21岁）

虽然我的理想是一名职业高级调酒师，但是，对于各种饮料和酒水的品质鉴定、颜色调配、造型艺术等基础知识就十分欠缺，必须认真学好专业课，并利用课余时间收集有关饮料、调酒等方面的信息，学习有关专业书籍。

2. 酒吧打工（21—23岁）

因为调酒师的工作一般都是在酒吧中，所以毕业之后，我要找一份酒吧中的工作，可以是DJ，可以是服务生，甚至可以是洗盘子的……我的目的有两个：一是自力更生，存一点钱；二是与酒吧中的调酒师们进行交流，了解这一行业的特点；向有经验的调酒师请教，请教如何训练自己味觉和嗅觉的灵敏度；为自己选一所专业培养调酒师的学校，开始迈出通向调酒师的第一步。

3. 调酒师（25岁）

通过专业培训，相信我将对调酒工作有一个全新的认识，并掌握了一定的调配技能，连续取得初级、中级调酒师资格。这时，我应该可以完全胜任一间普通酒吧的调酒师了！

4. 自己的酒吧（30岁）

通过在酒吧中工作，在实践中不断提高自己的调酒技能，随着资金的积累、人际关系的不断成熟，我可以开自己的酒吧了！

5. 向更专业化、国际化发展（25—35岁）

（1）参加比赛，在竞争中提升自己的能力。由于调酒的文化性、知识性、技术性、观赏性都很强，所以无论是国际上还是我国都经常举行“调酒师大赛”，这种赛事成为调酒师们互相交流学习的一个平台，也是一个通过竞争提高自己水平的手段。开设自己的酒吧后，我会更多地参加此类大赛，找到自身的差距，并不断地赶上去，充实自己、提高自己！

（2）出国深造，缩短与国际水平的差距。当我具有一定的专业水平之后，要到国外进行短期的专业培训，拓宽自己的视野，缩短自己与国际水平的差距。

6. 具有国际水平的高级调酒师（35岁）

通过专业学校的学习，十几年的实践经验和国际大赛的历练，我会很快地成熟起来。这时的我，将真正地在我热爱的调酒行业中创出一片天地，成为具有国际水准的高级调酒师！

“阳光总在风雨后”，我相信只要我付出、我坚持、我努力、我向上，多高的理想都不遥远，我的职业生涯将沿着我的规划，踏踏实实，一步一个脚印地走下去！

【点评】

全国中等职业学校“文明风采”竞赛组委会办公室主任杜爱玲：

这是一份职业自豪感很强的设计，在经济全球化趋势加快的当今时代，现代服务业不但成为国民经济的重要组成部分，而且将为更多的人提供就业和发展机会。陈闯没有把近期目标定位在升学上，而是以职业资格等级和调酒技艺的不断提升，作为自己职业生涯发展的台阶，强调从洗盘子做起，通过认真从业、虚心学习、参加竞赛提高业务水平，既务实，又雄心勃勃。他把创建自己的酒吧放在就业10年之后，即在积累资金、编织网络、熟悉行业均有成效之时，使创业成为既有激励作用，又很实在的阶段目标。

这份设计的主要缺点在于对酒吧这一行业的发展前景分析不够，也没说明在哪打工，在哪开酒吧。其实在开自己的酒吧以前，先到大城市的高档酒吧和宾馆饭店里见见世面，到酒吧林立的地方闯闯世界，对职业生涯发展会大有补益。

（资料来源：全国中等职业学校“文明风采”大奖赛获奖作品）

阅读资料二：

响当当的汽车修理技师

我叫庞龙，因为从小就爱汽车，所以我学了跟汽车打交道的专业。我有优点：身体很好，喜欢玩篮球，动手能力强。我有缺点：学习不太好，喜欢玩，懒得学理论。

现在的我是一个学习不太好的学生，动手还可以，个性开朗，身体健康，非常喜欢玩，可以说不分白天黑夜地玩。一提到学习我就头痛，就不爱看书，懒。可是你一提到篮球，我就开心得不知道天高地厚了。

我想明天的我不应该是这样，而应该是一个勤快的人，能冷静去做事的人。我要把我的坏毛病改掉，学习要努力赶上去，把动手能力强的优势发挥出来。明天的我要比现在的我强百倍。现在的我坏毛病太多，优点太少了；明天的我应该比现在强，因为我知道了努力的方向。

我家在农村，村子紧挨着国道，来往的汽车很多，路边有几个小汽车修车部。我常常去那儿看他们怎么修车，不过在那儿很难看到好车。现在的学校可让我开了眼、过了瘾，不但有好车，还能打开看。有好多进口的测试设备，逗得我心痒、手痒，老盼着上实训课。我现在和职业的需要差距挺大，要向汽车修理这行发展，不但要发扬我的动手能力强的特点，还真得看点书，现在新车型、新技术真多，不多学点，将来该傻眼了。

我想当一名优秀的汽车修理技师，而且要当最好的。有人说我没志气，我可不这么想，满大街的汽车，而且数量越来越多、档次越来越高，没修车技师怎么成?!

我职业的目标就是我不管到哪儿去修车，我都会认认真真地去修，我会把自己选择的这份工作当作生活中的一部分。我会认真地对待每一辆车，就像对待我自己的身体。让人们把爱车送到我这儿来都放心，我会让他们高高兴兴地把自己的爱车从我这儿开走。他们取车时，还能从我这儿知道为什么会出这种毛病，平时怎么使用才不会出这种毛病，这也算优质服务吧。我就是想当一名最好的修车工！

好好学习是我现在发展阶段的第一步。我会学好各种修车技术，不但要把我的动手能力再提高，掌握修车的要领，还得知道为什么，做到触类旁通。无论是汽车发动机的拆装、更换、总成，还是大修、小保，样样拿得起，活又漂亮，还要遵守修车的行规，讲究修车的职业道德，才算是一个优秀的修车人。

我明白一个目标是下一个目标的基础，只有珍惜在校学习的机会，毕业时不但拿到毕业证书，至少取得汽车修理的职业资格证书，还得为今后考取技师证、高级技师证打好基础。只要努力地超越现在的我，就一定能实现明天的我。我要不断地超越现在，我要用自己的实力去打造我的明天。我会向着我的目标向前冲，我相信，我会成功！我相信，世上无难事，只怕有心人。

我希望人人都知道我的修车技术好，车坏了就想到："快送到有庞龙的修理厂！"这是我的追求，不只是梦！

【点评】

全国中等职业学校"文明风采"竞赛组委会办公室主任杜爱玲：

一看这份设计，就知道作者的文化基础课学得不太扎实，对职业生涯设计的要领掌握也不太好，但文字中饱含对即将从事的职业的热爱，敬业爱岗的纯朴之情十分真切，对自己的剖析也很认真。庞龙的发展目标不但务实，而且起到了"为了明天，珍惜现在"的作用。认真品味一下，就会发现他对汽修工服务岗位职责的理解，不但很有时代感，而且是发自内心的、结合岗位技能的理解，是职业理想形成后，对职业道德真谛的掌握。如果汽修工都能如此，开车人会多么高兴！如果每位从业者都能结合自己的岗位实际，真正具有类似的职业道德情感，而不是死背几句空洞的口号，这个社会该多么美好！

（资料来源：全国中等职业学校"文明风采"大奖赛获奖作品）

职业生涯体验

我的学涯方案

学了本节内容后，你对大学的学习与生活应该有了清晰的想法。请从学习拓展、工作预备、人际维护、休闲安排四个方面谈谈你大学的行动方案。

学习拓展方案：

____

工作预备方案：

____

人际维护方案：

____

休闲安排方案：

____

趣味职场

生　命　线

准备：一张纸、一支笔。

操作：团体指导者先说明活动内容：划一条代表你的生命线，起点是你出生的时候，终点是你的预测死亡年龄。请你根据你自己的健康状况，你家族的健康状况及你所在区域的平均寿命，提出你预测的死亡年龄。然后在这条线上找到你现在的位置，请静静思考一下你过去的日子里最难忘的3件事，以及你今后的日子里最想达到的目标2—3个。

然后团体成员自行填写，10分钟后大家一起分享交流。小组交流中，每个人都拿出自己的生命线给其他人看，边展示边说明，注意自己与他人内心的反应。

第三节　职业生涯目标的调整

名言警句

当你的希望一个个落空，你也要坚定，要沉着！

——（美）亨利·沃滋沃斯·朗费罗

案例导入

杜某，24岁，毕业后进入中国迅达电梯公司成为一名操作工，负责电梯的检验检测工作，工作按部就班，收入尚可，在单位表现兢兢业业，也受到领导的肯定，原以为能在大公司里稳步发展，自己也利用业务时间考出电工操作证。谁知今年公司决定搬迁，虽说提供班车，但是每天4小时的上下班路程实在让他筋疲力尽，无奈只能选择离职。离职后突然发现自己在公司里学的技术没有了用武之地，不知所措，也尝试过市场上常见的客服、营业员等岗位，不是觉得工资偏低就是感觉无法胜任，慢慢地变得消极，最后只要求找一份离家近的工作，薪资要求不高，“交金”就行。

必备知识

常言说：计划赶不上变化，事物都是处于运动变化中的。由于自身及外部环境条件的变化，职业生涯设计也要随之变化。职业院校学生正处于人生观、价值观形成阶段，社会的经济、政治、文化也都在发展变化，种种不确定因素使得原本制定好的规划设计会与实际情况产生偏差，这就要对设计做出修订。修订的内容主要包括：生涯机会的重新评估，职业的重新选择，职业目标的修订，计划和措施的变更等。这期间要做到谨慎判断，果断行动。谨慎判断就是无论变化多大，都要在理清来龙去脉后再做判断；果断行动就是要在判断后立即采取行动，重新修订自己的生涯设计，从而保证职业生涯的健康顺利发展，最终实现人生的职业理想。

一、职业生涯规划调整的必要性

在影响职业生涯的许多因素难以预料的这种情况下，要使职业生涯行之有效，就必须使职业生涯规划具有足够的弹性，在实践中不断进行评估和调整。这就需要我们在实践中定时定期地去检查目标完成的情况和评估环境的变化，从而做出修正或调整，从而保证最终实现人生理想。从这个意义上说，反馈调整就是一个再认识、再发现的过程。

职业生涯规划是一个动态的概念，需要不断根据内外的变化做出调整。职业生涯规划不是一劳永逸的，事物都是处在运动变化中的，职业生涯规划同样需要随着时间的推移进行相应地变化。大学生正处在对自己、对社会的逐步认识过程中，自身的价值观也正处于逐渐成熟的时期，加之现实的种种不确定因素，已经制订的职业生涯规划有时会因实际情况而有所偏差，这就需要及时对规划做出调整，从而保证个人的职业生涯顺利发展。

职业生涯的不同阶段会面临不同的机遇和挑战。适时地调整可以让特定阶段的目标更现实可行。职业生涯目标是分阶段的，每个阶段都面临着无数不可预测的因素。由于自身和外部环境条件的变化，人们需要根据一定的期望或新的需要对规划进行调整。如个人计划的变化、家庭的突发事件、婚姻状况的变化等等，都会对个人有所影响，大学生们应该认识到如何调整目标、计划及行动，以适应种种变化。

职业生涯规划的调整修正有利于实现自我价值的最大化。进行职业生涯规划的目的，是希望自己的时间得到最有效地利用、能力得到最大限度地发挥、自我价值得到充分地实现。人的一生中，其兴趣、能力及目标是会随着年龄的增长而有所变化，随着个人知识、能力、经验、阅历及自信心等的增长，个人对自己的期望也越来越高，进而会对自己的职业生涯提出更高的要求，这个不断积累、不断提升的过程，有利于最大限度地实现自我价值。

二、职业生涯规划调整的时机

（一）毕业前夕的调整

高职生调整职业生涯规划的第一个最佳时期是毕业前夕。在实训期间，特别是有了求职实践以后，根据实训中和求职过程的体验，依据就业市场供需实际，对职业生涯规划进行调整。这次调整，应该着重于近期目标和其他阶段日标的调整，也可以是长远目标的调整。许多毕业后的职校生都有过这样的困惑：实际就业与自己职业理想相差甚远，收入也与期望值有较大差距……为什么会有这样的情况出现？

主要原因有三个：一是在进行职业生涯规划时，对就业市场的现实了解得不够；二是环境和本人都有了比较大的变化；三是自己还没完成从“学校人”到“社会人”的转换。

（二）从业初期的调整

在充分认识自我——了解自己能干什么、想干什么的基础上，再从工作的角度出发，适时调整自己的择业标准，将自己心仪的单位及岗位所要求的基本技能和素质最大地展示出来，以取得工作的最佳效果。当已经有了从业的实践，可以根据从业过程对自身条件的检验，根据周围环境和自身素质的变化，在职业转换过程中调整自己的职业生涯规划。

三、职业生涯规划调整的方法

只有找到自我与职场发展的结合点，才能使自己真正融入这个行业和这个企业，才能在个人职业发展的方向上做到把握自我，进而把握其中的行业规则，既能够做到展现自我，实现个人价值的最大体现；又能够有效规避行业风险，克服企业内部的发展障碍。

PDCA 原本是美国管理学家戴明提出来的质量管理理论，其实 PDCA 的管理理论不仅仅可以用在质量管理体系中，宏观的看，其实它更是一个很好的方法论，是一个从计划、实施、检验到行动往复循环逐步提高的过程，由量变到质变一种行动模式，因此 PDCA 管理方法也是对职业目标达成的有力保障。如图 3－2 所示。

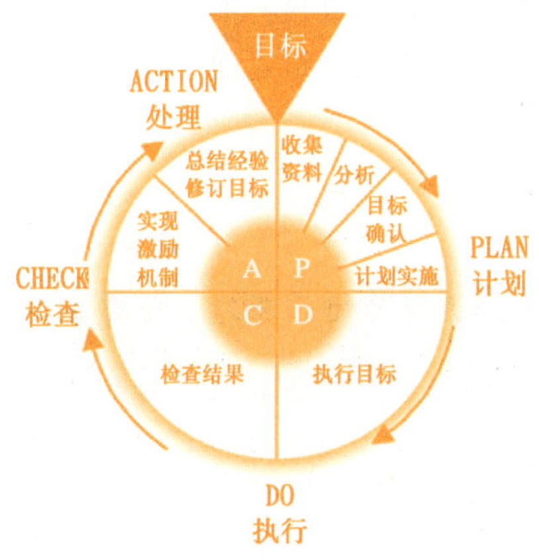

图 3－2 PDCA 循环图

（一）计划（Plan）

一个职业生涯成功的人，在其每个职业阶段中应该都有明确的目标，才能一步一个脚印，从低阶职位迈向高阶职位。刚毕业的大学生对其第一份工作肯定有他的憧憬，但是造化常常弄人，一个看似好的计划其结果证实并不一定成功。计划的制订必须符合实际情况，不能太高也不能太低，太高了打击士气，太低了起不了激励作用，不利于自己进一步成长。如何才能制订一个好的计划呢？首先要对自己有个全面正确的认识，即所谓的知己知彼百战不殆。

（二）执行（Do）

好的计划归根到底在于执行，对于“行”从古至今有很多的说法：言行一致、讷于言而敏于行，说的就是“行”的重要。行动贵在坚持，这其实是非常困难的一件事，也就是常言讲的“说着容易做着难”，许多人都懂得这一点包括笔者自己，但能持之以恒坚持下来的人很少。对于这个问题笔者是这样看的，执行不能坚持很大的原因再于当初制定的计划不切实际，比如自己本身的长处在销售，但偏偏希望在技术方面有所发展，这会让自己非常痛苦，在追求技术的道路上也不能走得更远；再比如一个程序员职业生涯的头两年要求自己熟练掌握 Delphi、C⁺⁺、Java，这本身执行起来就有困难。因此对职业生涯的某一阶段，我们所制定达成目标的行动必须是让我们感觉到快乐的，有兴趣，同时也是比较合理的过程，那我们才能坚持到底。

（三）检查（Check）

对于检查，需要确定时间点和标准两个因数。通常某阶段生涯规划的大目标下可能分好几个子阶段，其每一个子阶段都可以作为一个检查点。检查的标准以当初设定的计划为标的，如果完成了计划，那么执行是成功的，相反就不成功。

（四）行动（Action）

对于检查不成功的目标进行判断，是计划有问题还是执行有问题。如果计划有问题，就应当调整计划进入一个新的 PDCA 循环；如果执行有问题，应该分析自己在时间、精力、金钱上的投入是否不足，方法上有没有问题。比如子计划中的学习计划没有成功，就得分析花在学习上的时间是否足够、参加专业的培训是否必要、资料是否充足、学习方法是否合理等。深入挖掘导致执行不成功的因素，找到原因后针对问题点加以改进，进入下一个 PDCA 循环。周而复始直到职业生涯有一个更好的发展。

拓展阅读

“选择”比“能力”更重要

冯阳与陈亮同一批进了大型家电企业 A 公司。短短几年后，两人的发展却出现天壤之别。陈亮已经创业成功，成为了建材行业的一名顶级培训师，以及多家知名建材企业的咨询顾问，并拥有了自己的管理咨询公司；而冯阳还是某小家电企业的小小推广经理，虽然本职工作也干得很优秀，但因为家电行业整体不景气，又加上家电行业是人才聚集地，所以冯阳很难以在岗位上“突围”出来！

为什么同一批进入同一家企业的同事，并且拥有同样的能力，却有了两个不同的结果。其原因就是选择决定了彼此的未来发展，尽管彼此能力都不相上下，但结果却有很大的不同。

陈亮离开 KL 公司时，可以选择好几个行业，一是家电行业，二是汽车行业，三是建材行业。陈亮最终选择了建材行业，之所以会做这个选择，主要他考虑到当时建材行业不是很成熟，拥有更多的机会，况且这种非成熟型行业，营销高手也较少，所以也很容易获取机会，充分将自己的能量发挥出来，从而创造更大的价值；其次，陈亮考虑到建材行业的产品，都处在导入期，所以伴随着行业的发展，未来自己的发展前景肯定不可限量，因为职业人可以伴随着行业的发展而发展。同时，这种成长型行业，对于未来取得更大的机会较多。所以陈亮进入一家知名的建材企业，从职能经理干到中层营销干部后，就利用自己的“知本”与圈子里的人脉关系开始创业，并迅速获得了成功，从而成为建材行业的一名顶级的培训师和抢手的营销顾问。

冯阳离开A公司时，思维还在家电行业徘徊。经过深思熟虑后，他接受了一家知名小家电企业伸出的橄榄枝。虽然冯阳最后的选择，从大家电过渡到小家电，他也认为这是家电行业的最后一块奶酪，也看准了这最后一丝机会，但家电行业“夕阳光”却照射着他。冯阳加盟该小家电企业，出任市场部推广经理，几年内，冯阳不仅为企业构建了推广体系、并策划多场在行业有影响的活动，也获得公司与行业的认可。但这些推广工作，相比较起来家电恶劣环境的大背景下，最终换来的结果都显得很苍白。因为家电终端卖场的整合与渠道代理商的整合，压制小家电企业的快速发展，所以有些时候冯阳的推广工作起不了太多的作用。最直观的结果，就是企业销售每年增长都较为缓慢，从单个业务层面来看，冯阳创造了价值，但在销售总体结果不好的条件下，带给冯阳回报率总是不尽如意，这些原因不仅制约了冯阳的发展，而且让他在这个怪圈里徘徊。现今冯阳要重新选择企业时，又为自己前几年的付出，就要覆水东流感到惋惜，所以冯阳进退两难！

（资料来源：《中国经济信息》，2008年15期，营销职场：“选择”比“能力”更重要）

职业生涯体验

数字传递

一、活动目的

P（计划）D（执行）C（检查）A（改善行动）循环中，哪个步骤更为重要？

二、活动安排

1. 将学员分成若干组，每组学员5—8名左右，并选派每组一名组员出来担任监督员。

2. 所有参赛的组员排纵列排好，队列的最后一人到指导师处，指导师向全体参赛学员和监督员宣布游戏规则。

3. 游戏规则：

（1）各队代表到讲台处，指导师：“我将给你们看一个数字，你们必须把这个数字通过肢体语言让你全部的队员都知道，并且让小组的第一个队员将这个数字写到讲台前的白纸上（写上组名），看哪个队伍速度最快，最准确。”

（2）全过程不允许说话，后面一个队员只能够通过肢体语言向前一个队员进行表达，通过这样的传递方式层层传递，直到第一个队员将这个数字写在白纸上；

（3）比赛进行三局（数字分别是0、900、0.01），每局休息1分15秒。第一局胜利积5分，第二局胜利积8分，第三局胜利积10分。

4. 小组讨论：

（1）P（计划）D（执行）C（检查）A（改善行动）循环中，在这个游戏中如何得到体现？

（2）四个循环中，哪个步骤更为重要？

趣味职场

洞口余生

准备：折叠椅一人一把。

操作：把成员分成5—6个人一组。每组围圈坐下，相互距离较近，留了一个出口，为增强气氛可以拉上窗帘，关上灯，出口处最好靠近门或窗。

指导者说明："有一群学生到郊外旅游，不巧遇到泥石流倾泻，全部被困在几米的地下，只有一个出口，只可以过一个人，而出口随时有倒塌的危险，谁先出去就有生的希望，请每个人依次说出自己求生的目的及将来可能对社会做出的贡献，然后大家协商，看谁可以最先逃出，排出次序。"

然后，全体一起讨论活动过程及自己的感受。指导者引导大家把讨论的重点集中到自己能否说出将来生活的指向？听了别人意见后自己是否修正原有的想法？小组内依什么为标准决定逃生者的次序？

第四章
建立职业发展基础

学习目标

通过学习，逐步使学生形成科学管理职业生涯规划的观念，强化时间观念，珍惜在校生活，奠定终身学习的理念，打好发展基础。

第一节　习得知识及方法

名言警句

对未来的最好策划，是善于处理目前，完成最近的工作任务。

——（美）约翰·麦唐纳

案例导入

李开复给中国学生的第四封信中写道：今天，我回复了“开复学生网”开通以来的第1000个问题。关掉电脑后，始终有一封学生来信萦绕在我的脑海里，挥之不去：“开复老师：就要毕业了。回头看自己所谓的职业院校学习生活，我想哭，不是因为离别，而是因为什么都没学到。我不知，简历该怎么写，若是以往我会让它空白。最大的收获也许是……对什么都没有的忍耐和适应……”

案例点评：这封来信道出了不少大三、大四学生的心声。大学期间，有许多学生放任自己、虚度光阴，还有许多学生始终也找不到正确的学习方向。当他们被第一次补考通知唤醒时，当他们收到第一封来自应聘企业的婉拒信时，这些学生才惊讶地发现，自己的前途是那么渺茫，一切努力似乎都为时已晚……。职业院校学生在大学期间，首要任务是学习掌握文化知识，尤其是学习方法，在为自己毕业步入职场做好准备的同时，也为将来可持续发展奠定基础，这样才不至于在毕业时有上述的迷惘和叹息。

必备知识

在现代社会中，知识已经成为一种非常重要的资本，人们常把一个人掌握知识的多少作为衡量其水平高低的标准。一切职业都要求从业者具有相应的知识，扎实的知识基础是学生参与社会竞争的资本。职业院校学生要珍惜在校学习的时间，最大程度地学习和吸储知识，深化专业知识，强化各种专业技能，拓宽知识面，加强文化素质和优良品行的培养，为实现自己的职业生涯目标做好准备。

学习是大学生的首要任务和主要的活动方式，是大学生获得广博知识、提升素质、培养能力实现个人理想更好的服务社会和完善人生的重要保证。大学学习的内容、方法和要求上，比起中学的学习发生了很大的变化。要想真正学到知识和本领，除了继续发扬勤奋刻苦的学习精神外，还要适应大学的教学规律，掌握大学的学习特点，选择适合自己的学习方法。大学的学习既要求掌握比较深厚的基础理论和专业知识，还要求重视各种能力的培养，如思维能力、创造能力、组织管理能力、表达能力的培养，为将来适应社会工作打下良好的基础。

一、专业性学习

大学教育的目的是培养高级专门人才。因而，大学学习具有明显的专业性特点。大学生的学习活动是一种以掌握专业知识和技能为特征的社会活动，围绕着如何使大学生尽快成为高级专门人才而进行，是一种高层次的专业学习。这种专业性，是随着社会对本专业要求的变化和发展而不断深入的，知识不断更新，知识面也越来越宽。为适应当代科技发展的既高度分化、又高度综合的特点，这种专业性通常只能是一个大致的方向，而更具体、更细致的专业目标是在大学的学习过程中或是在将来走向社会后，才能最终确定下来。

大学期间通常是确定了一个大致的专业方向，除了要学好专业知识外，还应根据自己的能力、兴趣和爱好，选修或自学其他课程，重要的是在专业基础上广泛的拓展自己的知识面，调整自己的学习内容形成最佳的知识结构，为将来的职业做好准备。

二、自主性学习

大学学习与中学学习截然不同的特点是依赖性的减少，在中学学什么怎么学都是由老师安排好的，老师会“手把手”地教会你各个知识点，中学强调升学，学习围绕高考的指挥棒转，完全依赖教师的计划和安排，学生没有多少选择余地。到了大学课堂教学往往是提纲挈领式的，教师在课堂上只讲难点、疑点、重点或者是教师最有心得的一部分，其余部分就要由学生自己去攻读、理解、掌握。大学生对学习的内容有较大的自主选择性。到了大学，虽然仍有专业的限制，但学生选择的余地很大，教师对大学生的学习内容也不加限制，很多教师还鼓励学生广泛涉及各类知识。除必修课外，学校还开设了许多选修课，大学生可以根据自己的需要和兴趣有选择地听课、学习。大学生对学习时间有很大自主性，大学里课程排得比中学松散多了，很多时候学生会没有课晚上周末大部分时间是留给学生自学的。教师辅导员不规定在这部分时间里学什么怎么学，学生可以根据自己的需要兴趣和特点自主安排，并且可以自主的选择教室、图书馆或其他场所进行学习。这就要求学生必须充分发挥主观能动性，发挥自己在学习中的潜力。这种充分体现自主性的学习方式，将贯穿于大学学习的全过程，并反映在大学生活的各个方面。如学习的自主安排、学习内容和学习方法的自主选择等等。

三、探索性学习

探索性是指大学生在学习过程中对书本结论之外新观点的寻求和钻研，大学教育的根本任务之一就是要重视培养学生具备会思考、探索问题的本领。大学课堂已经从阐述既定结论逐步转变为介绍各学派理论的争论。学生的思维也不能局限于死记硬背，而是要求大学生不但要掌握所学的知识，而且要掌握知识的形成过程、了解学科发展状况、存在的问题以及解决这些问题的可能性，掌握科学的研究方法和培养独立思考、探索创新的精神，而死记硬背，墨守成规，缺乏灵活性、创造性的大学生将会较多地感到压抑和不适应。实践是教学活动中必不可少的重要环节，用知识来解决实际问题，不仅能培养应用知识的能力，对于更深入地认识和评价理论也是非常重要的。这就要求学生不断在专业知识领域去探索。

四、多元性学习

第一是学习途径的多样化：上课时间之外，学生有较多时间自由支配，可以在学校为其提供的各种条件下进行广泛的学习，如学术报告、知识讲座、专题讨论、社会调查等。随着网络的发达，学生也可以通过网络学习自己需要的知识。

第二是学习内容的多样化：大学生在学习活动中可以发展自己的兴趣，不断丰富调整自己的学习内容，形成合理的知识结构。每个人的兴趣爱好不同，选择的内容自然不同。同一个人因为对不同学科的探索也会让学习的内容丰富多彩。学科交叉、文理渗透已成为时代发展的必然趋势。

第三是学习的不断创新性：在知识经济时代，发展知识经济和建立创新提醒对国家和民族的发展具有重要的意义。作为祖国未来建设者的大学生，在学习的过程中不仅要理解巩固知识还要树立独立思考探索创新的精神，培养创造性。而创造性就更要求我们学生有多元的知识结构，有多元的思维方式。

上述大学学习方式的特点，决定了大学生学习必须完成三个转变：即由教师指导下的被动性的学习向自主性学习的转变，即由“要我学”向“我要学”转变；由接受型学习为主向接受型、创造型相结合的学习的转变；由运用摹仿性思维为主向运用创造性思维为主的学习的转变。只有在大学期间尽快实现这三个转变，才算真正掌握了大学学习的特点和规律，为以后的成功奠定较好的基础。

拓展阅读

李开复给中国学生的第四封信：大学应是这样度过

大学是人生的关键阶段。这是因为，进入大学是你终于放下高考的重担，第一次开始追逐自己的理想、兴趣。这是你离开家庭生活，第一次独立参与团体和社会生活。这是你不再单纯地学习或背诵书本上的理论知识，第一次有机会在学习理论的同时亲身实践。这是你第一次不再由父母安排生活和学习中的一切，而是有足够的自由处置生活和学习中遇到的各类问题，支配所有属于自己的时间。

大学是人生的关键阶段。这是因为，这可能是你一生中最后一次有机会系统性地接受教育。这可能是你最后一次能够全心建立你的知识基础。这可能是你最后一次可以将大段时间用于学习的人生阶段，也可能是最后一次可以拥有较高的可塑性、集中精力充实自我的成长历程。这可能是你最后一次能在相对宽容的，可以置身其中学习为人处世之道的理想环境。

大学是人生的关键阶段。在这个阶段里，所有大学生都应当认真把握每一个“第一次”，让它们成为未来人生道路的基石；在这个阶段里，所有大学生也要珍惜每一个“最后一次”，不要让自己在不远的将来追悔莫及。在大学四年里，大家应该努力为自己编织生活梦想，明确奋斗方向，奠定事业基础。

正因为大学是人一生中最为关键的阶段，所以从入学的第一天起，你就应当对大学四年有一个正确的认识和规划。为了在学习中享受到最大的快乐，为了在毕业时找到自己最喜爱的工作，每一个刚进入大学校园的人都应当掌握 7 项学习：学习自修之道、基础知识、实践贯通、兴趣培养、积极主动、掌控时间、为人处事。只要做好了这 7 点，大学生临到毕业时的最大收获就绝不会是“对什么都没有的忍耐和适应”，而应当是“对什么都可以有的自信和渴望”。只要做好了这 7 点，你就能成为一个有潜力、有思想、有价值、有前途的快乐的毕业生。

大学四年每个人都只有一次，大学四年应这样度过……

自修之道：从举一反三到无师自通

记得我在哥伦比亚大学任助教时，曾有位中国学生的家长向我抱怨说：“你们大学里到底在教些什么？我孩子读完了大二计算机系，居然连 VisiCalc 都不会用。”

我当时回答道：“电脑的发展日新月异。我们不能保证大学里所教的任何一项技术在五年以后仍然管用，我们也不能保证学生可以学会每一种技术和工具。我们能保证的是，孩子将学会思考，并掌握学习的方法，这样，无论五年以后出现什么样的新技术或新工具，你的孩子都能游刃有余。”

她接着问：“学最新的软件不是教育，那教育的本质究竟是什么呢？”

我回答说：“如果我们将学过的东西忘得一干二净时，最后剩下来的东西就是教育的本质了。”

我当时说的这句话来自教育家 B. F. Skinner 的名言。所谓“剩下来的东西”，其实就是自学的能力，也就是举一反三或无师自通的能力。大学不是“职业培训班”，而是一个让学生适应社会，适应不同工作岗位的平台。在大学期间，学习专业知识固然重要，但更重要的还是要学习独立思考的方法，培养举一反三的能力，只有这样，大学毕业生才能适应瞬息万变的未来世界。我认识的不少在中国读完大学来美国念研究生的朋友。他们认为来美国后，不论是学习、工作还是生活他们最缺乏的是独立思考的能力因为在国内时他们很少独立思考和独立决策。

上中学时，老师会一次又一次重复每一课里的关键内容。但进了大学以后，老师只会当引路人的角色，学生必须自主地学习、探索和实践。走上工作岗位后，自学能力就显得更为重要了。微软公司曾做过一个统计：在每一名微软员工所掌握的知识内容里，只有大约10%是员工在过去的学习和工作中积累得到的，其他知识都是在加入微软后重新学习的。这一数据充分表明，一个缺乏自学能力的人是难以在微软这样的现代企业中立足的。

自学能力必须在大学期间开始培养。许多同学总是抱怨老师教得不好，懂得不多，学校的课程安排也不合理。我通常会劝这些学生说："与其诅咒黑暗，不如点亮蜡烛。"大学生不应该只会跟在老师的身后亦步亦趋，而应当主动走在老师的前面。例如，大学老师在一个课时里通常要涵盖课本中几十页的信息内容，仅仅通过课堂听讲是无法把所有知识学通、学透的。最好的学习方法是在老师讲课之前就把课本中的相关问题琢磨清楚，然后在课堂上对照老师的讲解弥补自己在理解和认识上的不足之处。

中学生在学习知识时更多地是追求"记住"知识，而大学生就应当要求自己"理解"知识并善于提出问题。对每一个知识点，都应当多问几个"为什么"。一旦真正理解了理论或方法的来龙去脉，大家就能举一反三地学习其他知识，解决其他问题，甚至达到无师自通的境界。

事实上，很多问题都有不同的思路或观察角度。在学习知识或解决问题时，不要总是死守一种思维模式，不要让自己成为课本或经验的奴。只有在学习中敢于创新，善于从全新的角度出发思考问题，学生潜在的思考能力、创造能力和学习能力才能被真正激发出来。

《礼记·学记》上讲："独学而无友，则孤陋而寡闻。"也就是说，大学生应当充分利用学校里的人才资源，从各种渠道吸收知识和方法。如果遇到好的老师，你可以主动向他们请教，或者请他们推荐一些课外的参考读物。除了资深的教授以外，大学中的青年教师、博士生、硕士生乃至自己的同班同学都是最好的知识来源和学习伙伴。每个人对问题的理解和认识都不尽相同，只有互帮互学，大家才能共同进步。

有些同学曾告诉我说，他们很羡慕我在读书时能有一位获得过图灵奖的大师传道授业。其实，虽然我非常推崇我的老师，但他在大学期间并没有教给我多少专业知识。他只是给我指明了大方向，让我分享他的经验，给我提供研究的资源，并教我做人的方法。他没有时间也没有必要指导我学习具体的专业知识。我在大学期间积累的专业知识都是通过自学获得的。刚入门时，我曾多次红着脸向我的师兄请教最基本的知识内容，开会讨论时我曾问过不少肤浅的问题，课余时间我还主动与同学探讨、切磋。"三人行必有我师"，大学生的周围到处是良师益友。只要珍惜这些难得的机会，大胆发问，经常切磋，我们就能学到最有用的知识和方法。

大学生应该充分利用图书馆和互联网，培养独立学习和研究的本领，为适应今后的工作或进一步的深造做准备。首先，除了学习老师规定的课程以外，大学生一定要学会查找书籍和文献，以便接触更广泛的知识和研究成果。例如，当我们在一门课上发现了自己感兴趣的课题，就应当积极去图书馆查阅相关文献，了解这个课题的来龙去脉和目前的研究动态。熟练和充分地使用图书馆资源，这是大学生特别是那些有志于科学研究的大学生的必备技能之一。读书时，应尽量多读一些英文原版教材。有些原版教材写得深入浅出，附有大量实例，比中文教材还适于自学。其次，在书本之外，互联网也是一个巨大的资源库，大学生们可以借助搜索引擎在网上查找各类信息。“开复学生网”开通半年以来，我发现很多同学其实并没有很好地掌握互联网的搜索技巧，有时他们提出的问题只要在搜索引擎中简单检索一下，就能轻易找到答案。还有些同学很容易相信网上的谣言，而不会利用搜索引擎自己查考、求证。除了搜索引擎以外，网上还有许多网站和社区也是很好的学习园地。

自学时，不要因为达到了学校的要求就沾沾自喜，也不要认为自己在大学里功课好就足够了。在21世纪的今天，人才已经变成了一个国际化的概念。当你对自己的成绩感到满意时，我建议你开始自学一些国际一流大学的课程。例如，美国麻省理工学院（MIT）的开放式课程已经在网上无偿发布出来，大家不妨去看看MIT的网上课程，做做MIT的网上试题。当你可以自如地掌握MIT课程时，你就可以更加自信地面对国际化的挑战了。

总之，善于举一反三，学会无师自通，这是大学四年中你可以送给自己的最好的礼物。

基础知识：数学、英语、计算机、互联网

我曾经说过，中国学生的一大优势是扎实的基础知识，如数学、物理等。但是，最近几年，同学们在目睹了很多速成的例子（如丁磊、陈天桥等）之后，也迫切希望能驶上成功的快车道。这渐渐形成了一种追求速成的浮躁风气。有许多大学生梦想在毕业后就立即能做“经理”、“老板”，还有许多大学生入学时直接选择了“管理”专业，因为他们认为从这样的专业毕业后马上就可以成为企业的管理者。可不少学生进入了管理专业后，才发现自己对本专业的学习毫无兴趣。其实，管理专业和其他专业一样，都是传授基础知识和基本方法的地方，没有哪个专业可以保证学生在毕业时就能走上领导岗位。无论同学们所学的是哪个专业，大学毕业才是个人事业的真正开始。想做企业领导或想做管理工作的同学也必须从基层做起，必须首先在人品方面学会做人，在学业方面打好基础。

如果说大学是一个学习和进步的平台，那么，这个平台的地基就是大学里的基础课程。在大学期间，同学们一定要学好基础知识其中包括数学、英语、计算机和互联网的使用，以及本专业要求的基础课程（如商学院的财务、经济等课程）。在科技发展日新月异的今天，应用领域里很多看似高深的技术在几年后就会被新的技术或工具取代。只有对基础知识的学习才可以受用终身。另一方面，如果没有打下好的基础，大学生们也很难真正理解高深的应用技术。最后，在许多的中国大学里，教授对基础课程也比对最新技术有更丰富的教学经验。

数学是理工科学生必备的基础。很多学生在高中时认为数学是最难学的，到了大学里，一旦发现本专业对数学的要求不高，就会彻底放松对数学知识的学习，而且他们看不出数学知识有什么现实的应用或就业前景。但大家不要忘记，绝大多数理工科专业的知识体系都建立在数学的基石之上。例如，要想学好计算机工程专业，那至少要把离散数学（包括集合论、图论、数理逻辑等）、线性代数、概率统计和数学分析学好；要想进一步攻读计算机科学专业的硕士或博士学位，可能还需要更高的数学素养。同时，数学也是人类几千年积累的智慧结晶，学习数学知识可以培养和训练人的思维能力。通过对几何的学习，我们可以学会用演绎、推理来求证和思考的方法；通过学习概率统计，我们可以知道该如何避免钻进思维的死胡同，该如何让自己面前的机会最大化。所以，大家一定要用心把数学学好，不能敷衍了事。学习数学也不能仅仅局限于选修多门数学课程，而是要知道自己为什么学习数学，要从学习数学的过程中掌握认知和思考的方法。

21 世纪里最重要的沟通工具就是英语。有些同学在大学里只为了考过四级、六级而学习英语，有的同学仅仅把英语当作一种求职必备的技能来学习，甚至还有人认为学习和使用英语等于崇洋媚外。其实，学习英语的根本目的是为了掌握一种重要的学习和沟通工具。在未来的几十年里，世界上最全面的新闻内容，最先进的思想和最高深的技术，以及大多数知识分子间的交流都将用英语进行。因此，除非你甘心做一个与国际脱节的人，英语学习是至关重要的。在软件行业里，不但编程语言是以英语为基础设计出来的，最重要的教材、论文、参考资料、用户手册等资源也大多是用英语写就的。学英语绝不等于崇洋媚外。中国正在走向世界，中国需要学习西方的先进思想和先进科学技术，学好英语才是真正的爱国。

很多中国留学生的英语考试成绩不错，也高分考过四级、六级、托福，但是留学美国后上课时却很难听懂课程内容，和外国同学交流时就更加困难。我们该如何学好英语呢？既然英语是最重要的沟通工具，那么，最重要的学习方法就是尽量与实践结合起来，不能只“学”不“用”，更不能只靠背诵的方式学习英语。读书时，大家尽量阅读原版的专业教材（如果英语不够好，可以先从中英对照的教材看起），并适当地阅读一些自己感兴趣的专业论文，这可以同时提高英语和相关专业的知识水平。其次，提高英语听说能力的最好方法是直接与那些以英语为母语的外国人对话。现在有很多在中国学习和工作的外国人，他们中的不少人为了学中文，很愿意与中国学生对话、交流，这是很好的学习机会。此外，大家不要把学英语当作一件苦差事，完全可以用有趣的方法学习英语。例如，可以多看一些名人的对话或演讲，多看一些小说、戏剧甚至漫画。初学者可以找英文原版的教学节目和录像来学习，有一定基础的则应该看英文电视或电影。看一部英文电影时，最好先在有字幕的时候看一遍，同时查考生词、熟悉句式，然后在不加字幕的情况下再看一遍，仅靠耳朵去听。听英文广播也是很好的练习英文听力的方法，大家每天最好能抽出半小时到一小时的时间收听广播并尽量理解其中的内容，有必要的话还可以录下来反复收听。在互联网上也有许多互动式的英语学习网站，大家可以在网站上用游戏、自我测试、双语阅读等方式提升英语水平。总之，勇于实践、持之以恒是学习英语的必由之路。

信息时代已经到来，大学生在信息科学与信息技术方面的素养也已成为他们进入社会的必备基础之一。虽然不是每个大学生都需要懂得计算机原理和编程知识，但所有大学生都应能熟练地使用计算机、互联网、办公软件和搜索引擎，都应能熟练地在网上浏览信息和查找专业知识。在21世纪里，使用计算机和网络就像使用纸和笔一样是人人必备的基本功。不学好计算机，你就无法快捷全面地获得自己需要的知识或信息。

最后，每个特定的专业也有它自己的基础课程。以计算机专业为例，许多大学生只热衷于学习最新的语言、技术、平台、标准和工具，因为很多公司在招聘时都会要求这些方面的基础或经验。这些新技术虽然应该学习，但计算机基础课程的学习更为重要，因为语言和平台的发展日新月异，但只要学好基础课程（如数据结构、算法、编译原理、计算机原理、数据库原理等）就可以万变不离其宗。有位同学生动地把这些基础课程比拟为计算机专业的内功，而把新的语言、技术、平台、标准和工具比拟为外功。那些只懂得追求时髦的学生最终只知道些招式的皮毛，而没有内功的积累，他们是不可能成为真正的高手的。

虽然我一向鼓励大家追寻自己的兴趣，但在这里仍需强调，生活中有些事情即使不感兴趣也是必须要做的。例如，打好基础，学好数学、英语和计算机的使用就是这一类必须做的事情。如果你对数学、英语和计算机有兴趣，那你是幸运儿，可以享受学习的乐趣；但就算你没有兴趣，你也必须把这些基础打好。打基础是苦功夫，不愿吃苦是不能修得正果的。

实践贯通："做过的才真正明白"

上高中时，许多学生会向老师提出"为什么？有什么用？"的问题，通常，老师给出的答案都是"不准问"。进入大学后，这些问题的答案应该是"不准不问"。在大学里，同学们应该懂得每一个学科的知识、理论、方法与具体的实践、应用如何结合起来，尤其是工科的学生更是如此。

有一句关于实践的谚语是这样说的："我听到的会忘掉，我看到的能记住，我做过的才真正明白。"

无论学习何种专业、何种课程，如果能在学习中努力实践，做到融会贯通，我们就可以更深入地理解知识体系，可以牢牢地记住学过的知识。因此，我建议同学们多选些与实践相关的专业课。实践时，最好是几个同学合作，这样，既可经过实践理解专业知识，也可以学会如何与人合作，培养团队精神。如果有机会在老师手下做些实际的项目，或者走出校门打工，只要不影响课业，这些做法都是值得鼓励的。外出打工或做项目时，不要只看重薪酬待遇（除非生活上确实有困难），有时候，即便待遇不满意，但有许多培训和实践的机会，我们也值得一试。

以计算机专业为例，实践经验对于软件开发来说更是必不可少的。微软公司希望应聘程序员的大学毕业生最好有10万行的编程经验。理由很简单：实践性的技术要在实践中提高。计算机归根结底是一门实践的学问，不动手是永远也学不会的。因此，最重要的不是在笔试中考高分，而是实践能力。但是，在与中国学生的交流过程中，我很惊讶地发现，中国某些学校计算机系的学生到了大三还不会编程。这些大学里的教学方法和课程的确需要更新。如果你不巧是在这样的学校中就读，那你就应该从打工、自学或上网的过程中寻求学习和实践的机会。在网上可以找到许多实践项目，例如，有一批爱好编程的学生建立了一个讨论软件技术的网站（www. diyinside. com），在其中共享他们的知识和实践经验，并成功举办了很多次活动（如在各大高校举办校园技术教育会议），还出版了帮助学生提高技术、解答疑难方面的图书，该网站有多位成员获得了“微软最有价值的专家”的称号。

培养兴趣：开拓视野，立定志向

孔子说：“知之者不如好之者，好之者不如乐之者。”我在“给中国学生的第三封信”中曾深入论述了快乐和兴趣是一个人成功的关键。如果你对某个领域充满激情，你就有可能在该领域中发挥自己所有的潜力，甚至为它而废寝忘食。这时候，你已经不是为了成功而学习，而是为了“享受”而学习了。在“第三封信”中，我也曾谈到我自己是如何在大学期间放弃了我不感兴趣的法律专业而进入我所热爱的计算机专业学习的。

有些同学问我，如何像我一样能找到自己的兴趣呢？我觉得，首先要客观地评估和寻找自己的兴趣所在：不要把社会、家人或朋友认可和看重的事当作自己的爱好；不要以为有趣的事就是自己的兴趣所在，而是要亲身体验它并用自己的头脑做出判断；不要以为有兴趣的事情就可以成为自己的职业，例如，喜欢玩网络游戏并不代表你会喜欢或有能力开发网络游戏，不要以为有兴趣就意味着自己有这方面的天赋。不过，你可以尽量寻找天赋和兴趣的最佳结合点，例如，如果你对数学有天赋但又喜欢计算机专业，那么你完全可以做计算机理论方面的研究工作。

最好的寻找兴趣点的方法是开拓自己的视野，接触众多的领域。唯有接触你才能尝试，唯有尝试你才能找到自己的最爱。而大学正是这样一个可以让你接触并尝试众多领域的独一无二的场所。因此，大学生应当更好地把握在校时间，充分利用学校的资源，通过使用图书馆资源、旁听课程、搜索网络、听讲座、打工、参加社团活动、与朋友交流、使用电子邮件和电子论坛等不同方式接触更多的领域、更多的工作类型和更多的专家学者。当年，如果我只是乖乖地到法律系上课，而不去尝试旁听计算机系的课程，我就不会去计算机中心打工，也不去找计算机系的助教切磋，就更不会发现自己对计算机的浓厚兴趣。

通过开拓视野和接触尝试，如果你发现了自己真正的兴趣爱好，这时就可以去尝试转系的可能性、尝试课外学习、选修或旁听相关课程；你也可以去找一些打工或假期实习的机会，进一步理解相关行业的工作性质；或者，努力去考自己感兴趣专业的研究生，重新进行一次专业选择。其实，本科读什么专业并不能完全决定毕业后的工作方向，正如我所强调的那样，大学期间的学习过程培养的是你的学习能力，只要具备了这种能力，即使从事的是全新的工作，你也能在边做边学的过程中获取足够的知识和经验。

除了“选你所爱”，大家也不妨试试“爱你所选”。有些同学后悔自己在入学时选错了专业，以至于对所学的专业缺乏兴趣，没有学习动力；有些同学则因为追寻兴趣而“走火入魔”，毕业后才发现荒废了本专业的课程；另一些同学因为在学习上遇到了困难或对本专业抱有偏见，就以兴趣为借口，不愿意面对自己的专业。这些做法都是不正确的。在大学中，转系可能并不容易，所以，大家首先应尽力试着把本专业读好，并在学习过程中逐渐培养自己对本专业的兴趣。此外，一个专业里可能有很多不同的领域，也许你对专业里的某一个领域会有兴趣。现在，有很多专业发展了交叉学科，两个专业的结合往往是新的增长点。因此，只要多接触、多尝试，你也许就会碰到自己真正感兴趣的方向。“数字笔”的发明人王坚博士在微软亚洲研究院负责用户界面的研究，可是谁又能想到他从本科到博士所学的都是心理学专业，而用户界面又正是计算机和心理学专业的最佳结合点。另一方面，就算你毕业后要从事其他的行业，你依然可以把自己的专业读好，这同样能成为你在新行业中的优势。例如，有一位同学不喜欢读工科，想毕业后进入服务业发展，我就建议他先把工科读好，将来可以在服务业中以精通技术作为自己的特长。

人生的路很长，每个人都可以有很多不同的兴趣爱好。在追寻兴趣之外，更重要的是要找寻自己终身不变的志向。有一本书的作者曾访问了几百个成功者，问他们有哪件事是他们今天已经懂得，但在年轻时却留下了遗憾的事情。在受访者的回答中，最多的一种是：“希望在年轻时就有前辈告诉我、鼓励我去追寻自己的理想和志向。”相比之下，兴趣固然关键，但志向更为重要。例如，我的志向是“使影响力最大化”，多年以来，我有许多兴趣爱好，如语音识别、对弈软件、多媒体、研究到开发的转换、管理学、满足用户的需求、演讲和写作、帮助中国学生等等，兴趣可以改变，但我的志向是始终不渝的。因此，大家不必把某种兴趣当作自己最后的目标，也不必把任何一种兴趣的发展道路完全切断，在志向的指引下，不同的兴趣完全可以平行发展，实在必要时再做出最佳的抉择。志向就像罗盘，兴趣就像风帆，两者相辅相成、缺一不可，它们可以让你驶向理想的港湾。

积极主动：果断负责，创造机遇

创立“开复学生网”时，我的初衷是“帮助学生帮助自己”。但让我很惊讶的是，更多的学生希望我直接帮他们做出决定，甚至仅在简短的几句自我介绍后就直接对我说：“只有你能告诉我，我该怎么做”。难道一个陌生人会比你更知道自己该怎么做吗？我慢慢认识到，这种被动的思维方式是从小在中国的教育环境中培养出来的。被动的人总是习惯性地认为他们现在的境况是他人和环境造成的，如果别人不指点，环境不改变，自己就只有消极地生活下去。持有这种态度的人，事业还没有开始，自己就已经被击败，我从来没见过这样消极的人可以取得持续的成功。

从大学的第一天开始，你就必须从被动转向主动，你必须成为自己未来的主人，你必须积极地管理自己的学业和将来的事业，理由很简单：因为没有人比你更在乎你自己的工作与生活。“让大学生活对自己有价值”是你的责任。许多同学到了大四才开始做人生和职业规划，而一个主动的学生应该从进入大学时就开始规划自己的未来。

积极主动的第一步是要有积极的态度。大家可以用我在“第三封信”里推荐的方法，积极规划自己的人生目标，追寻兴趣并尝试新的知识和领域。纳粹德国某集中营的一位幸存者维克托·弗兰克尔曾说过：“在任何特定的环境中，人们还有一种最后的自由，就是选择自己的态度。”

积极主动的第二步是对自己的一切负责，勇敢面对人生。不要把不确定的或困难的事情一味搁置起来。比如说，有些同学认为英语重要，但学校不考试就不学英语；或者，有些同学觉得自己需要参加社团磨练人际关系，但是因为害羞就不积极报名。但是，我们必须认识到，不去解决也是一种解决，不做决定也是一个决定，这样的解决和决定将使你面前的机会丧失殆尽。对于这种消极、胆怯的作风，你终有一天会付出代价的。

积极主动的第三步是要做好充分的准备：事事用心，事事尽力，不要等机遇上门；要把握住机遇，创造机遇。中国科技大学校长朱清时院士在大三时被分配到青海做铸造人。但他不像其他同学那样放弃学习，整天打扑克、喝酒。他依然终日钻研数理化和英语。六年后，中国科学院要在青海做一个重要的项目，这时朱校长就脱颖而出，开始了他辉煌的事业。很多人可能说他运气好，被分配到缺乏人才的青海，才有这机会。但是，如果他没有努力学习，也无法抓住这个机遇。所以，做好充分的准备，当机遇来临时，你才能抓住它。

积极主动的第四步是“以终为始”，积极地规划大学四年。任何规划都将成为你某个阶段的终点，也将成为你下一个阶段的起点，而你的志向和兴趣将为你提供方向和动力。如果不知道自己的志向和兴趣，你应该马上做一个发掘志向和兴趣的计划；如果不知道毕业后要做什么，你应该马上制定一个尝试新领域的计划；如果不知道自己最欠缺什么，你应该马上写一份简历，找你的老师、朋友打分，或自己审阅，看看哪里需要改进；如果毕业后想出国读博士，你应该想想如何让自己在申请出国前有具体的研究经验和学术论文；如果毕业后想进入某个公司工作，你应该收集该公司的招聘广告，以便和你自己的履历对比，看自己还欠缺哪些经验。只要认真制定、管理、评估和调整自己的人生规划，你就会离你自己的目标越来越近。

掌控时间：事分轻重缓急，人应自控自觉

除了积极主动的态度，大学生还要学会安排自己的时间，管理自己的事务。一位同学是这么描述大学生活的：

“大学和高中相比似乎没有什么太大的区别，每天依旧是学习，每次考试后依旧是担心考试成绩……不同的只是大学里上网的时间和睡觉的时间多了很多，压力也小了很多。”

这位同学并不明白，“时间多了很多”正是大学与高中之间巨大的差别。时间多了，就需要自己安排时间、计划时间、管理时间。

安排时间除了做一个时间表外，更重要的是“事分轻重缓急”。在《高效能人士的七个习惯》一书中，作者史蒂芬·柯维提出，“重要事”和“紧急事”的差别是人们浪费时间的最大理由之一。因为人的惯性是先做最紧急的事，但这么做会导致一些重要的事被荒废掉。例如，我认为这篇文章里谈到的各种学习都是“重要的”，但它们不见得都是老师布置的必修课业，采纳我的建议的同学们依然会因为考试、交作业等紧急的事情而荒废了打好基础、学习做人等重要的事情。因此，每天管理时间的一种好方法是，早上确定今天要做的紧急事和重要事，睡前回顾一下，这一天有没有做到两者的平衡。

每个人都有许多“紧急事”和“重要事”，想把每件事都做到最好是不切实际的。建议大家把“必须做的事”和“尽量做的事”分开。必须做的事要做到最好，但尽量做的事尽力而为即可。建议大家用良好的态度和宽广的胸怀接受那些你暂时不能改变的事情，多关注那些你能够改变的事情。此外，还要注意生物钟的运行规律，按时作息，劳逸结合，这样才能在学习时有最好的状态。

大学四年是最容易迷失方向的时期。大学生必须有自控的能力，让自己交些好朋友，学些好习惯，不要沉迷于对自己无益的习惯（如网络游戏）里。一位积极、主动的中国学生在“开复学生网”上劝告其他同学：“不要玩游戏，至少不要玩网络游戏。我所认识的专业水平比较高的大学朋友中没有一个玩网络游戏的。沉迷于网络游戏是对于现实的逃避，是不愿面对自己不足的一面。我认为，要脱离网络游戏，就得珍惜自己宝贵的大学时间，找到自己感兴趣的方向，做一些有意义并能给自己带来满足感的事情。”

为人处事：培养友情，参与群体

很多大学生入校时都是第一次离开父母，离开自己生长的环境。进入校园开始集体生活后，如何与同学、朋友以及社团的同事相处就成为了大学生学习内容的一部分。大学是大家最后一次可以在相对宽松的环境中学习、培养、训练如何与人相处的机会。在未来，人们在社会里、在工作中与人相处的能力会变得越来越重要，甚至超过了工作本身。所以，大学生要好好把握机会，培养自己的交流意识和团队精神。

“人际交往能力不够强，人际圈子不够广，但又没有什么特长可以引起大家的注意，在社团里也不知道怎么和其他人有效地建立联系。”这是一些大学生在人际交往方面经常遇到的困惑。对于如何在大学期间提高人际交往能力，我的建议是：

第一，以诚待人，以责人之心责己、以恕己之心恕人。对别人要抱着诚挚、宽容的胸襟，对自己要怀着自我批评、有过必改的态度。与人交往时，你怎样对待别人，别人也会怎样对待你。这就好比照镜子一样，你自己的表情和态度，可以从他人对你流露出的表情和态度中一览无遗。你若以诚待人，别人也会以诚待你。你若敌视别人，别人也会敌视你。最真挚的友情和最难解的仇恨都是由这种“反射”原理逐步造成的。因此，当你想修正别人时，你应该先修正自己。你想别人怎么对你，你就应该怎么对人。你想他人理解你，你就要首先理解他人。

第二，培养真正的友情。如果能做到第一点，很多大学时的朋友就会成为你一辈子的知己。在一起求学和寻求自身发展的道路上，这样的友谊弥足珍贵。交朋友时，不要只去找与你性情相近或只会附和你的人做朋友。好朋友有很多种：乐观的朋友、智慧的朋友、脚踏实地的朋友、幽默风趣的朋友、激励你上进的朋友、提升你能力的朋友、帮你了解自己的朋友、对你说实话的朋友等等。此外，大学时谈恋爱也可以教你如何照顾别人，增进同理心和自控力，但恋爱这件事要随缘，不必为了谈恋爱而谈恋爱。

第三，学习团队精神和沟通能力。社团是微观的社会，参与社团是步入社会前最好的磨练。在社团中，可以培养团队合作的能力和领导才能，也可以发挥你的专业特长。但更重要的是，你要做一个诚心诚意的服务者和志愿者，或在担任学生工作时主动扮演同学和老师之间沟通桥梁的角色，并以此锻炼自己的沟通能力，为同学和老师服务。这样的学习过程也不会很轻松，挫折是肯定有的，但是不要灰心，大学社团里的人际交往是一种不用“付学费”的学习，犯了错误也可以重头来过。

第四，从周围的人身上学习。在班级里、社团中，多观察周围的同学，特别是那些你觉得交往能力和沟通能力特别强的同学，看他们是如何与人相处的。比如，看他们如何处理交往中的冲突、如何说服他人和影响他人、如何发挥自己的合作和协调能力、如何表达对他人的尊重和真诚、如何表示赞许或反对，如何在不冒犯他人的情况下充分展示个性等等。通过观察和模仿，你渐渐地会发现，自己的人际交往能力会有意想不到的改进。在学校里，每一个朋友都可以成为你的良师，他们的热心、幽默、机智、博学、正直、沟通、礼貌等品德都可以成为你的学习对象。同时那些你不喜欢的人和事也可以为你敲响警钟，警告你千万不要做那样的人和事。当然，你也应当慷慨地帮助每一个朋友，试着做他们的良师和模范。

第五，提高自身修养和人格魅力。如果觉得没有特长、没有爱好可能会成为自己人际交往能力提高的一个障碍，那么，你可以有意识地去选择和培养一些兴趣爱好。共同的兴趣和爱好也是你与朋友建立深厚感情的途径之一。很多在事业上有所建树的人都不是只会闭门苦读的书呆子，他们大多都有自己的兴趣和爱好。我在微软亚洲研究院的同事中就有绘画、桥牌和体育运动方面的高手。业余爱好不仅是人际交往的一种方式，还可以让大家发掘出自己在读书以外的潜能。例如，体育锻炼既可以发挥你的运动潜能，也可以培养你的团队合作精神。如果真的没有什么兴趣爱好，那么，多读些好书丰富自己的知识也可以改进自己的人际交往能力，因为没有什么比智慧和渊博更能体现一个人的人格魅力了。

所以，学会与人相处，这也是大学中的一门“必修课”。

对大学生们的期望

踏入大学校门时，你还是一个忙碌的、青涩的、被动的、为分数读书的、被家庭保护着的中学毕业生。

就读大学时，你应当掌握7项学习，学好自修之道、基础知识、实践贯通、兴趣培养、积极主动、掌控时间、为人处事。

经过大学四年，你会从思考中确立自我，从学习中寻求真理，从独立中体验自主，从计划中把握时间，从交流中锻炼表达，从交友中品味成熟，从实践中赢得价值，从兴趣中攫取快乐，从追求中获得力量。

离开大学时，只要做到了这些，你最大的收获将是“对什么都可以拥有的自信和渴望”。你就能成为一个有潜力、有思想、有价值、有前途的中国未来的主人翁。

总之，我认为大学四年应是这样度过。

职业生涯体验

校友访谈录——追梦

一、活动目的

通过采访校友的人生经历，指导在校大学生的学习和生活，教育他们珍惜时光，激发对专业知识的学习热情；增强“今日我以学校为荣，明天学校以我为荣”的责任意识；为学生创造社会实践的机会，丰富大学生的社会实践经历，增强服务社会的意识；更进一步了解校园生活与社会生活的差异，提早做好关于走上社会后角色转变的准备，更好地适应工作环境。

二、活动安排

1. 寻找校友。将全体参与人员分成小组，分别采用网络查询，咨询校方就业处等不同的方式去寻找近从学院毕业的优秀校友。寻找目标为曾经在校期间表现突出，毕业后小有成就，一路奋斗追梦，内心或背后有很多不为人知的故事的，其经历能够给在校学生以启发和鼓励的优秀校友。

2. 深入校友。正面对校友的大学经历和毕业后的发展情况有一个充分的采访，同时通过曾经的老师，同学以及现在的同事进行侧面的了解。采用文字，照片，录像等多种手段做好记录。

3. 访谈校友。采用模拟访谈节目的形式，对校友进行现场访谈。从在校期间的大学时光到毕业时的选择启程，再到现如今的小有成就，通过时间线展开访谈期间融入信件，照片，音乐，物品等具有代表性的道具，一同畅聊追梦的心路历程。

趣味职场

撕纸人生

一、活动准备

每人一张白纸，一支笔。

二、活动步骤

1. 在所发的白纸条上画一个长线段。在起点上写上你的出生日期和年龄0岁，在终点上标注出你自己预测的死亡年龄。

2. 在线段的适当位置上标注出你现在的年龄，并将这之前的线段撕下来。

3. 然后在剩下的线段下写出你认为今后的人生中最迫切想要实现的3件事。

4. 在线段的适当位置上标注上你想功成名就的年龄，然后经这以后的线段撕下来。

5. 剩下的部分有多少？你手中拿的这段时间是什么，有多少？（我们可以用来努力学习和工作的时间）

图示：

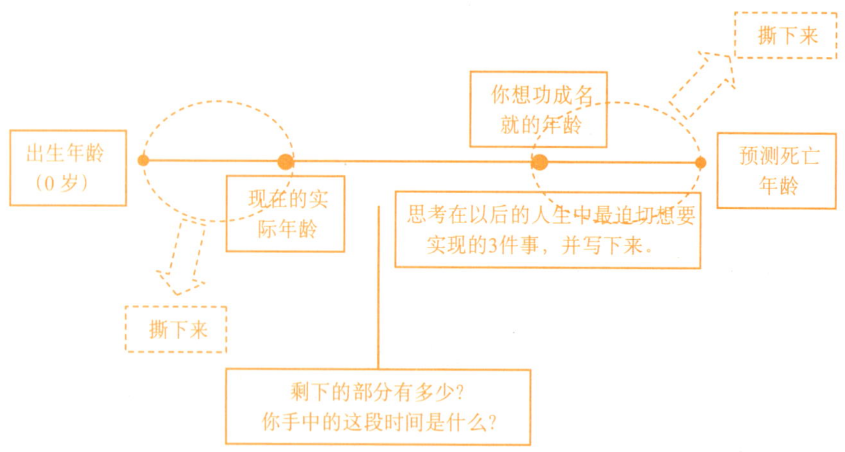

第二节　提升自身职业能力

名言警句

无一事而不学，无一时而不学，无一处而不学，成功之路也。

——朱　熹

案例导入

小武学的是中文专业，经过努力，终于争取到某报社财经版编辑的面试机会。到了面试现场，他才发现面试的人非常多。轮到小武的时候，面试主管询问了许多经济学方面的问题，对此小武一问三不知。面对主管的频频摇头，小武只能硬着头皮说，自己的文笔还是非常好的，希望能考虑一下。编辑确实需要好的文笔，但是财经版的编辑如果只是单纯的文笔好，对于财经方面知识所知甚少，显然还是不够的。结果，小武的此次面试最终以失败告终。

案例点评：调查研究显示，不管是毕业生还是用人单位，对胜任工作影响最大的因素都是知识能力和技术能力，它是应聘者对该专业、该职位的熟练程度和上手难易程度的一个最基本的体现。只是有些职业或者对知识要求的少一些，有些多一些而已，尤其是一些工科、经济、法律等专业性很强的岗位，对这方面的要求更是严格。沟通表达能力、人际交往能力、健康状况和科学思维能力这些因素相对而言要靠后一些。

必备知识

要想在激烈的社会竞争中实现自己的职业生涯规划，体现人生价值，当代职业院校学生必须全方位提高社会所需的专业知识水平，增强职业竞争能力。职业院校学生的综合能力和知识面是用人单位的选择依据，不仅考核其专业知识和技能，而且还考核其综合运用知识的能力、社会适应能力和与人沟通的能力等。从某种意义上说，能力比知识更重要，职业院校学生只有将合理的知识结构和社会需要的综合能力结合起来，才能在激烈的就业竞争中取得相对的优势。

一、职业能力的概念

关于职业能力到目前还没有一个公认的概念。心理学派运用心理学的能力原理对职业能力进行定义，认为职业能力是“直接影响职业行动效率和使职业活动顺利进行的个体心理特征”。结构学派认为，职业能力即“综合职业能力”，包括身心素质、职业道德、创业精神以及技能等完成职业活动所需的一切内容。能力本位理论则认为，职业能力是“完成特定职业任务所需的知识、技能、态度和经验”。过程学派认为，职业能力是由一般能力经过发展和整合而形成的，即职业能力的形成及发展，必须参与特定的职业活动或模拟的职业情景，通过已有知识和技能的类化迁移，使相关的一般能力得到特殊的发挥和整合，形成较为稳定的综合驻力。

综上，我们可以将职业能力定义为：个体将所学的知识、技能和态度在特定的职业活动或情境中进行类化迁移与整合所形成的能完成一定职业任务的能力。

二、职业能力结构

1998 年，我国劳动和社会保障部部级课题《国家技能振兴战略》中首次把人的能力分成三个层次：职业特定能力，行业通用能力以及核心能力。

这个基于职业分类的能力结构划分认为：在每一个具体的职业、工种和岗位上都会存在着一定数量的特定能力，从总量上看，它们是最大的；但是从适用范围看，它们又是最狭窄的。对每一个领域或行业来说，存在着一定数量的通用能力，从数量上看，它们比职业特定技能显然少得多，但是它们的适用范围涵盖整个行业领域。而就更大范围而言，还存在着少量从事任何职业或行业工作都需要的、具有普遍适用性的技能，这就是核心能力。

（一）职业特定能力

指从事某种职业的人都必须具备的专业能力。这是社会职业的要求，也是个人生存与发展的需要。通常包括专业知识和专业技能。

1. 专业知识

无论何种专业能力都需要一定的专业知识作为依托。不同的职业所要求具备的专业知识也不相同。这里的知识并不完全等同于学历。它可能来自于课堂也可能来自于实践。如作为教师，不仅要掌握所教学科的文化知识，还要了解教育学、心理学、社会学、文学等方面的知识；作为金融企业的员工，不仅要懂得经济学、金融学，还要掌握货币学、消费心理学等多方面的知识；从事组织人事管理工作的公务员，则应熟悉人力资源开发与管理方面的专业理论、政策法规和相关的专业知识。专业知识的学习在专业能力中占有重要的地位。

2. 专业技能

专业技能是指依据专业培养目标，通过一定的实践训练，使学习者熟练掌握的专门技术及运用能力。

（二）行业通用能力

通用能力指的是对每一个领域或行业来说，共同适用的功能模块。它们是相同或相近职业群中体现出来的，具有共性的技能和知识要求。因此，它们往往是人们职业生涯中更重要的、最基本的技能；因此也具有更普遍的适用性和更广泛的迁移性。比如在管理领域，有物业管理师、人力资源管理师、企业信息管理师等，每个职位除了特定的职业能力外，还应该具有共性的管理技能和管理知识要求，是超越于某个具体职业与行业特定知识和技能的，一切管理者应当共同具备的、最重要的、最基本的能力和才干，那就是通用管理能力，如自我发展管理，团队建设管理，资源使用管理，运营绩效管理等。

（三）核心能力

核心能力是指适用于各种职业，能适应岗位不断变换，伴随人终身的可持续发展能力。德国、澳大利亚、新加坡称为“关键能力”，在我国大陆和台湾地区，也有人称它为“关键能力”；美国称为“基本能力”，在全美测评协会的技能测评体系中称为“软技能”；香港称为“基础技能”、“共同能力”等等。我国劳动和社会保障部在《国家技能振兴战略》中把职业核心能力分为 8 项，称为“8 项核心能力”，包括：与人交流、数字应用、信息处理、与人合作、解决问题、自我学习、创新革新、外语应用等。

从其内涵和特点分，职业核心能力可分为方法能力和社会能力两大类：方法能力是指主要基于个人的，一般有具体和明确的方式、手段、方法的能力。它主要指独立学习、获取新知识技能、处理信息的能力。方法能力是劳动者的基本发展能力，是在职业生涯中不断获取新的技能、知识、信息和掌握新方法的重要手段。职业方法能力包括：“自我学习”、“信息处理”、“数字应用”等能力。社会能力是经历和构建社会关系、感受和理解他人的奉献与冲突，并负责任地与他人相处的能力。它是指与他人交往、合作、共同生活和工作的能力。社会能力既是基本生存能力，又是基本发展能力，它是劳动者在职业活动中，特别是在一个开放的社会生活中必须具备的基本素质。职业社会能力包括：“与人交流”（包括“外语应用”）、“与人合作”、“解决问题”、“革新创新”等能力。

拓展阅读

职场十大最有用证书你有吗？

No. 1：英语证书

大学英语四、六级证书（Cet－4，Cet－6）：极其重要；

专业八级：只有英语专业才有资格考，但很多职位要求，如翻译或者外籍主管的助理；

大学英语四、六级口语证书：证书不重要，能力重要，面试的表达重要；

英语中高级口译：含金量很高；

托福（Tofel）：只有少数企业会问到是否考过托福，但同时会担心你工作不久后，可能会出国溜掉；

雅思（Ielts）：少数英联邦国家企业会注意到你考过雅思，但绝不是必要条件；

剑桥商务英语（Bec）：证书说明了你的英语能力，还有你在大学里很好学，懒惰的同学不会去学，或者学了考不过的；这是企业关注的。

托业考试（Toeic）：鸡肋，有比没有好；没有培训，只是考试，企业不感冒。

小结：四六级证书最重要，其他有比无好；至于口语，关键看面试时的表现。

No. 2：计算机证书

Office 操作是基本技能，不需要证书的。

全国计算机二级证书：有些大城市申请户口时用，必要条件，如上海市。

此外还有三级和四级。

其他如：ACCP、MCSA、CCNA，以及名目繁多的专项技能计算机证书，则与未来具体的工作选择相关，不是每个企业都会看重，甚至知道这些证书的。

我们统计了约 5 万条招聘信息，18.6% 的招聘信息中提到了计算机，但提及具体证书的不到 0.1%。更多的描述是模糊的，例如："从事 java 编程 2 年经验""熟练电脑操作"。对很多同学来说，如果从大二开始学习 java，到大四时可以算做 3 年经验了。

关于计算机技能的各种培训很多，但被企业认同的证书却不多，关键看实际操作技能。

No. 3：学校证书

包括：奖学金证书、三好学生证书、优秀毕业生证书、优秀学生干部证书等。

奖学金证书非常重要，有的 HR 看不懂大家给出的各种复杂算法的 GPA，但一看是否有奖学金，就有一个大概印象了。奖学金证书被很多企业列为筛选简历的必要条件，没有奖学金，就没有面试机会。

学生干部经历非常重要，如果再有一个"优秀学生干部"的证书，就更能起到证明作用了。

三好学生、优秀毕业生等，在申请户口时候可以加分（上海），非常重要。

还有一项不是证书的，党员，在申请公务员、到中学当教师的时候，作用很大。

No. 4：第二外语证书

会一门第二外语，将大大增加进入相关企业的机会。

时下比较热门的第二外语：

日语（世界 500 强中 87 家日本企业）

法语（世界 500 强中 36 家法国企业）

德语（世界 500 强中 35 家德国企业）

韩语（世界 500 强中 13 家韩国企业）

其他如葡萄牙语、西班牙语、意大利语、阿拉伯语等，因为中国与南美国家的经济往来，与阿拉伯国家的石油合作，前景看好。

还有，学习德语和法语，不仅是找工作，还可以在申请到德国或法国留学时起到作用。

No. 5：财务类证书

注册会计师（CPA）：共 5 科，每科报名费 80 元。

注册金融分析师（CFA）：需要相关方面 3 年以上工作经验，考证难度很高（考证费用 2—3 万元）。

特许公认会计师（ACCA）：ACCA 被称为"会计师界的金饭碗"。英国立法许可 ACCA 会员从事审计、投资顾问和破产执行的工作，有资格直接在欧盟国家执业（考试费用在2万元以内)。

希望从事财务工作，或者以后要做职业经理人的，财务知识必不可少，财务类证书和财务知识使你早日成功。

No. 6：专业资格证书

专业资格证书很多很多，要看专业和行业情况。

律师资格证书，适用于未来立志于当律师的同学；

CAD工程师认证证书：多用于机械、室内装饰、建筑行业；

导游资格证书：根据国家规定，导游人员必须持证上岗；

报关员证书：有证书才有资格；

人力资源从业资格证书；

国家司法考试证书；

驾驶证：不是应聘司机才需要。

No. 7：兼职实习证明

因为没有经验，所以才叫“应届生”，所以工作才难找。

但是，具有了相关的兼职实习经验，就成了应届生中的“有工作经验”的，具有优势，脱颖而出。

参加一些知名企业的实习生计划，更有可能直接留在公司工作，如：宝洁80%实习生留下成为正式员工；GE 50%留下；IBM 50%留下，等等。

有相关企业兼职实习经历及证明，求职时极具优势。

No. 8：发表论文、专利证书

对于研究生来说，做过相关项目，撰写过有质量的相关论文，被EI/SCI收录，这些发表论文的证明，在寻求相关工作的时候会有极大的帮助。

另外，本科生或研究生在申请出国的时候，如果发表过高质量的论文，就更容易获得国外教授的青睐。

还有专利证书，在申请户口中起加分作用。专利申请分为发明、实用新型和外观设计三种类型，发明专利较难，但实用新型和外观设计专利还是非常容易申请的。拥有专利和申请专利都可以获得户口加分，而且企业对专利证书也很重视。

No. 9：竞赛获奖证书大学里或者社会上的各种竞赛，获奖证书也非常受青睐

一名同学大学里多次参加辩论赛获奖，被一家企业老总直接聘为总裁助理；

西安交大一名同学，挑战杯获奖，直接获得了麻省理工（MIT）的全奖；

上海交大两名参加ACM竞赛获奖的同学，李开复直接打来电话抢先挖去；

欧莱雅“全球商业策略竞赛”的获奖者，大多直接获得了在欧莱雅工作的机会；

浙大一名同学大学四年不断参加各类编程比赛，累计赢得奖金20万美元，近日被Topcoder聘为中国技术副总裁。

通过参加竞赛锻炼能力，获得证书，找到工作的例子遍地都是。

No. 10：毕业证、学位证、第二学位

这是最重要的证书，存在三点区别：一是名牌院校和普通院校的区别；二是热门专业和冷门专业的区别；三是专科、本科、研究生的区别。

专业背景是企业最最看重的，很多职位只给限定专业毕业同学面试机会。

具有第二学位，跨学科辅修某些专业，使自己成为复合型人才，也是很多企业所看重的。

虽然说企业看重能力，而不是学历，但名牌大学、热门专业，就是一块有分量的敲门砖，进得门里才有机会展现能力。

总结：

证书代表了大家的能力；

证书代表了大家在大学期间没偷懒；

证书代表了一种追求上进、不甘平凡的生活态度。

（资料来源：中华英才网）

职业生涯体验

岗位体验

一、活动准备

1. 寻找目标企业。

2. 了解目标企业的目标职业岗位。

二、活动安排

1. 在目标企业开展不少于7天的岗位体验。

2. 对用人单位和岗位进行认真考察，全面了解实践岗位的相关工作，了解岗位的人才需求和选人标准。

3. 参加岗位的业务实践活动，认真、详细地填写岗位体验日志，全面锻炼专业素质和业务能力。

4. 岗位体验结束，须请用人单位在岗位体验“用人单位鉴定意见”栏内签署意见、加盖公章，并形成1000字以上的岗位体验报告。

趣味职场

圆球游戏

一、游戏安排：

1. 所有的人分成3组，每个小组约20人，分别配有1、2、3号球。

2. 游戏要求将球按1、2、3号的顺序从发起者手里发出，最后按此顺序回到发起者手里。在传递过程中，每一人都必须触及到球，所需时间最少的获胜。

3. 球掉在地上一次额外加10秒。

二、游戏讨论：

1. 游戏开始时，3组人一般会不约而同地围成了3个圈，一个接一个地传递，计下3组的成绩，例如分别为17秒、18秒和50秒。

2. “有没有更好的办法让时间变得短些？这个游戏的最好成绩为 8 秒。”指导师可以向所有小组提出挑战。(参考思路：用手围成一个圆筒状，让 3 个球分别从上面滑下，所用时间仅为 4 秒！这是一个绝妙的想法！当然可能还有更快的方法，指导师需要不断启发学员去思考新的方法。)

第三节　培养职业道德及健康心理

名言警句

养成他们有耐劳作的体力，纯洁高尚的道德，广博自由能容纳新潮流的精神，也就是能在世界新潮流中游泳，不被淹没的力量。

——鲁　迅

案例导入

微软用人理念

河南南阳理工学院软件学院学生李文怡，在大一时就被选拔到微软中国的集训营集训，最终成为 30 名实习生之一。通过努力，她最终成为 30 名实习生中留在微软中国总部工作的 3 人之一。

微软竟然在莘莘学子中挑选一个普通院校的女大专生作为正式员工，实在让人感到惊奇。为什么微软选择录用来自于高职院校的一名女大专生呢？

在微软公司有一个著名的用人理念：求人不求才。他们认为信息时代，知识更新快，任何刚毕业的大学生很难是完全适合的“才”，因而微软并不重视所谓名校品牌或高学历。他们认为只要是一个“人”，就可以在进入微软后边赶边学，并很快成为“才”。微软所谓的“人”是指聪明、好学、踏实、自信，具备高尚的道德和较强的团队合作精神的人。

微软在招聘人才、使用人才时特别青睐“三心”人才。一是热心的人。对公司充满感情，对工作充满激情，对同事充满友情；能够独立工作，有许多新奇想法，又与公司整体利益、长远利益为重，视公司为家，和同事团结协作、荣辱与共。二是慧心的人。脑子灵活、行动敏捷，能够对形势准确把握、从容应对、尽快适应，在短期内学会、掌握所需的知识和技能。三是苦心的人。工作非常努力、勤奋，吃得了苦。

案例分析：员工的职业道德素养直接关系到企业的生存。现代企业家识人选才，重点关注个人品质，至于对技能和知识的考察，则是相对次要的。对于成年人而言，个人的思想素质和个人品质往往已经基本养成，难以发生根本性的变化。而技能和知识，只要培养得当，则终身都有不断提升的可能。因此，现代企业越来越重视人才的个人修养和职业品德，企业需要的是有一定的忠诚度、踏实恳干、积极上进且富有团队精神的员工。优秀人才，首先是“选拔”出来的，其次才是“培养”出来的。

必备知识

现代人才应该是德才兼备型人才。即对人才的选拔和判断，不能只局限在其专业知识结构与能力上，而是同时要对其职业素质、合作能力以及人生观、价值观等进行综合评判。具备良好的“德”的人才，一般来说都拥有良好的职业心态与职业道德，这有助于其在现代社会充分发挥其个人的才能。对现代企业来说，人与人之间的协作由于个人独立性的加强而显得更加重要。大事讲原则，小事讲风格。只有具有良好职业心态与职业道德的人才，才能默契地与他人合作，在接受别人批评的同时不断提高自身水平，成为与企业日俱进取、具有发展潜力的未来型人才。

一、职业道德及其基本内容

（一）职业道德的概念

所谓道德是以一定社会的经济基础所决定的，以善与恶、美与丑、正义与非正义、公正与偏激、诚实与虚伪为评价标准。以法律为保障，依靠社会舆论、传统习俗和信念来维系的，调整人们之间以及个人与社会之间关系的行为准则和规范的总和。

职业道德的概念有广义和狭义之分。广义的职业道德是指从业人员在职业活动中应该遵循的行为准则，涵盖了从业人员与服务对象、职业与职工、职业与职业之间的关系。狭义的职业道德是指在一定职业活动中应遵循的、体现一定职业特征的、调整一定职业关系的职业行为准则和规范。职业道德既是从业人员在进行职业活动时应遵循的行为规范。同时又是从业人员对社会所应承担的道德责任和义务。不同职业的人员在特定的职业活动中形成了特殊的职业关系、职业利益、职业活动范围和方式，由此形成了不同职业人员的道德规范。

（二）职业道德的基本内容

《中华人民共和国公民道德建设实施纲要》中明确指出：“要大力倡导以爱岗敬业、诚实守信、办事公道、服务群众、奉献社会为主要内容的职业道德，鼓励人们在工作中做一个好建设者。”因此，我国现阶段各行各业普遍适用的职业道德的基本内容，即“爱岗敬业、诚实守信、办事公道、奉献社会”。

1. 爱岗敬业

通俗地说就是“干一行爱一行”，它是人类社会所有职业道德的一条核心规范。它要求从业者既要热爱自己所从事的职业，又要以恭敬的态度对待自己的工作岗位，爱岗敬业是职责，也是成才的内在要求。

所谓爱岗，就是热爱自己的本职工作，并为做好本职工作尽心竭力。爱岗是对人们工作态度的一种普遍要求，即要求职业工作者以正确的态度对待各种职业劳动，努力培养热爱自己所从事工作的幸福感、荣誉感。

所谓敬业，就是用一种恭敬严肃的态度来对待自己的职业。任何时候用人单位只会倾向于选择那些既有真才实学又踏踏实实工作，持良好态度工作的人。这就要求从业者只有养成干一行、爱一行、钻一行的职业精神，专心致志搞好工作，才能实现敬业的深层次含义，并在平凡的岗位上创造出奇迹。一个人如果看不起本职岗位，心浮气躁，好高骛远，不仅违背了职业道德规范，而且会失去自身发展的机遇。虽然社会职业在外部表现上存在差异性，但只要从业者热爱自己的本职工作，并能在自己的工作岗位上兢兢业业工作，终会有机会创出一流的业绩。

爱岗敬业是职业道德的基础，是社会主义职业道德所倡导的首要规范。爱岗就是热爱自己的本职工作，忠于职守，对本职工作尽心尽力；敬业是爱岗的升华，就是以恭敬严肃的态度对待自己的职业，对本职工作一丝不苟。爱岗敬业，就是对自己的工作要专心、认真、负责任，为实现职业上的奋斗目标而努力。

2. 诚实守信

诚实就是实事求是地待人做事，不弄虚作假。在职业行为中最基本的体现就是诚实劳动。每一名从业者，只有为社会多工作、多创造物质或精神财富，并付出卓有成效的劳动，社会所给予的回报才会越多，即“多劳多得”。

“守信”，要求讲求信誉，重信誉、信守诺言。要求每名从业者在工作中严格遵守国家的法律、法规和本职工作的条例、纪律：要求做到秉公办事，坚持原则，不以权谋私；要求做到实事求是、信守诺言，对工作精益求精，注重产品质量和服务质量，并同弄虚作假、坑害人民的行为进行坚决的斗争。

3. 办事公道

所谓办事公道是指从业人员在办事情处理问题时，要站在公正的立场上，按照同一标准和同一原则办事的职业道德规范。即处理各种职业事务要公道正派、不偏不倚、客观公正、公平公开。对不同的服务对象一视同仁、秉公办事，不因职位高低、贫富亲疏的差别而区别对待。

如一个服务员接待顾客不以貌取人，无论对于那些衣着华贵的大老板还是对那些衣着平平的乡下人，对不同国籍，不同肤色，不同民族的宾客能一视同仁，同样热情服务，这就是办事公道。无论是对于那些一次购买上万元商品的大主顾，还是对于一次只买几元钱小商品的人，同样周到接待，这就是办事公道。

4. 奉献社会

奉献社会是社会主义职业道德的最高境界和最终目的。奉献社会是职业道德的出发点和归宿。奉献社会就是要履行对社会、对他人的义务，自觉地、努力地为社会、为他人做出贡献。当社会利益与局部利益、个人利益发生冲突时，要求每一个从业人员把社会利益放在首位。

奉献社会是一种对事业忘我的全身心投入，这不仅需要有明确的信念，更需要有崇高的行动。当一个人任劳任怨，不计较个人得失，甚至不惜献出自己的生命从事于某种事业时，他关注的其实是这一事业对人类、对社会的意义。

二、培养健康心理

职业院校学生的心理问题近年呈现上升的趋势，各种心理障碍和心理疾病，不同程度地影响着职业院校学生的学习及其顺利走向社会。因此，保持积极健康的心理状态，不断提高心理素质，对每一位职业院校学生而言则显得分外重要。

（一）培养良好的人格品质

良好的人格品质首先应该正确认识自我，培养悦纳自我的态度，扬长避短，不断完善自己。其次应该提高对挫折的承受能力，对挫折有正确的认识，在挫折面前不惊慌失措，采取理智的应付方法，化消极因素为积极因素。挫折承受能力的高低与个人的思想境界、对挫折的主观判断、挫折体验等有关。提高挫折承受能力应努力提高自身的思想境界，树立科学的人生观，积极参加各类实践活动，丰富人生经验。

（二）加强自我心理调节

自我调节心理健康的核心内容包括调整认识结构、情绪状态，锻炼意志品质，改善适应能力等。让学生正视现实，学会自我调节，充分发挥主观能动性去改造环境，努力实现自己的理想目标。所以大学生在学生过程中应学会自我心理调适，做到心理健康：

1. 保持浓厚的学习兴趣和求知欲望。学习是大学生的主要任务，有了学习兴趣就能够自觉地跃入浩瀚的知识海洋里遨游，拼命地吸取新知识，发展多方面的能力，以提高自身素质，更好地适应社会发展的需要。

2. 保持乐观的情绪和良好的心境，大学生应保持积极乐观的情绪、愉快开朗的心境，对未来充满信心和希望，当遇到悲伤和忧愁的事情要学会自我调节，适度地表达和控制情绪，做到胜不骄、败不馁、喜不狂、忧不绝。

3. 保持和谐的人际关系乐于交往心理健康的学生乐于与他人交往，在交往中能用理解、宽容、友谊、信任和尊重的态度与人和睦相处。通过人际交往，使他们能够认识大学生的社会责任，培养遵守纪律和社会道德规范的习惯。增强心理适应能力，能与他人同心协力、合作共事，与集体保持协调的关系，保证大学生心理的健康发展。

4. 保持良好的环境适应能力。对大学生心理产生影响和作用的环境包括生存环境、成长环境、学习环境、校园环境等。

（三）积极参加业余活动，发展社会交往

丰富多彩的业余活动不仅丰富了大学生的生活，而且为大学生的健康发展提供了课堂以外的活动机会。大学生应培养多种兴趣，发展业余爱好，通过参加各种课余活动，发挥潜能，振奋精神，缓解紧张，维护身心健康。通过社会交往才能实现思想交流和信息资料共享。发展社会交往可以不断地丰富和激活人们的内心世界，有利于心理保健。

拓展阅读

职业情商

情商就是一个人的掌控自己和他人情绪的能力。从情商的一般内涵来看，情商包含

五个方面的情绪能力：

（1）了解自己情绪的能力；

（2）控制自己情绪的能力；

（3）自我激励的能力；

（4）了解他人情绪的能力；

（5）维系良好人际关系的能力。

职业情商就是以上五个方面在职场和工作中的具体表现，职业情商更加侧重对自己和他人的工作情绪的了解和把握，以及如何处理好职场中的人际关系，是职业化的情绪能力的表现。如何提升自己的职业情商呢？提升职业情商，必须在以下四个方面不断修炼自己：

一、心态修炼——了解自己在工作中的情绪是为了控制自己的情绪，保持良好的工作心态

职业情商对职业情绪的要求就是保持积极的工作心态。什么样的工作心态算是积极心态呢？积极的工作心态表现在以下几个方面：

1. 工作状态要积极。每天精神饱满地来上班，与同事见面主动打招呼并且展现出愉快的心情。如果上班来谁见了你都是一副无精打采的面孔，说起话来有气无力没有任何感情色彩，永远得不到上级的赏识，也不会吸引你的同事的好感。

2. 工作表现要积极。积极就意味着主动，称职的员工应该在工作表现上做到以下“五个主动”：

（1）主动发现问题；

（2）主动思考问题；

（3）主动解决问题；

（4）主动承担责任；

（5）主动承担份外之事。

可以毫不夸张的说，做到“五个主动”是职场员工获得高职高薪的五大法宝。

3. 工作态度要积极，积极的工作态度就意味着面对工作中遇到的问题，积极想办法解决问题，而不是千方百计找借口。成功激励大师陈安之说：“成功和借口永远不会住在同一个屋檐下。”遇到问题习惯找借口的人永远不会成功。

4. 工作信念要积极。对工作要有强烈的自信心，相信自己的能力和价值，肯定自己。只有抱着积极的信念工作的人，才会充分挖掘自己的潜能，为自己赢得更多的发展机遇。

二、思维方式修炼——对工作中消极的情绪要学会掌控

掌控情绪就是掌握情绪和控制情绪两个层次的含义，而不是单纯的自我控制。因为控制情绪说起来容易，往往做起来很难，甚至遇到对自己情绪反应激烈的问题时，根本就忘了控制自己。要驾驭自己的情绪，还必须要从改变思维方式入手改变对事物的情绪，以积极的思维方式看待问题，使消极的情绪自动转化为积极的情绪，从而实现自我控制自己的情绪。

在工作方式上要培养积极的思维方式。积极的思维方式就是以开放的心态去处理工作中的人际关系和事情，包括多向思维、反向思维、横向思维、超前思维等。了解他人的情绪需要反向思维，也就是逆向思维，逆向思维的情商表现就是或换位思考，要站在对方的角度看问题，理解对方的内心感受。处理与上级、同事、下级的关系都需要换位思维。比如自己辛辛苦苦去努力完成一件工作，本想得到上级的肯定表扬，不料因为出现一点忽视的微小差错却遭到上级的否定和一顿批评，心里就感到不平衡、发牢骚；但是站在上级的角度思考，做为上级要的就是下级工作的成果，自己的辛苦没有得到肯定也就没有什么好抱怨的。处理同事关系同样需要换位，在别人看来，一个人无论做了多么不可理解的事情，都有他自己的内心起因和动机，要善于站在对方的角度了解他的想法，才会实现双赢的沟通，建立良好的人际关系。

三、行为修炼——良好的工作心态和思维方式都要体现在工作行为上

对于自己的工作行为，必须要把握以下两条基本的行动准则：

1. 工作行为要以目标为导向。一是要了解公司的目标，二是要制定明确清晰的个人目标，并且使公司目标和个人目标相结合，才可以形成职业发展的合力，相互推进，通过配合完成公司目标而实现个人目标，通过达成个人目标而推进公司事业的发展，这是在职场实现个人职业发展的捷径。在有些情况下，个人的长期目标并不一定总是和你眼下服务的公司目标相一致的，但是既然你在这个公司工作，你就要把一切经历变为有助于你个人职业发展的财富，你的个人阶段目标必须服从你的工作目标。

2. 工作行为要以结果为导向。以结果为导向就是要站在实现结果的角度去思考问题，站在完成成果的角度去衡量自己的工作。以结果为导向既是一种思维方法，又是一种行为习惯。以结果为导向就是要追求积极的结果，积极想办法去实现。面对一项工作，如果你还没有去做就首先认为自己“办不成”，你的思维妨碍了自己能力的发挥，那么你就有可能真的办不成。

四、习惯修炼——通过心态、思维方式、行为的修炼培养出良好的职业习惯，是提升职业情商和实现职业突破发展的唯一途径

要想成功，就必须有成功者的习惯。改变不良习惯的关键，是突破自己的舒适区。一个人形成的习惯就是他的舒适区，要改变不好的习惯就要突破自己的舒适区，要有意识为自己找点别扭，要敢于为自己主动施加点压力，努力突破自己以往的心理舒适区，培养出积极的职业化习惯。培养积极的职业习惯，必须突破以下心理舒适区：

1. 突破情绪舒适区：当你失去了一次本该属于自己的涨薪机会时，你就愤愤不平坐立不安，就想找上级评评理或者“讨个说法”；当下级办了一件错事的时候，你就忍不住斥责一顿；当上级批评你时，你就很难保持一副笑脸面对，喜怒哀乐是人的情绪对外部刺激的本能反应，但是如果对消极的情绪不加以控制，往往发泄情绪的结局对自己并没有好处。职场中应该绝对避免的几种消极情绪是：抱怨和牢骚、不满和愤怒、怨恨或仇恨、嫉妒、恐惧失败、居功傲视等，这些都是影响个人职业发展的致命伤害。调节自己的情绪有很多方式方法，其中最重要的是，要给自己强化一个意识：在工作场合我的情绪不完全属于我，我必须要控制自己的情绪！

2. 突破沟通舒适区：每个人的性格脾气决定了他与人沟通的方式各不相同，有的人说话快言快语，有的人却该表态的时候也沉默寡言，有的人说话爱抢风头，经常不自觉打断别人的谈话，有的人习惯被动等待上级的工作指示，有的人喜欢遇到问题主动请示和沟通，每个人都习惯以自己的方式与别人沟通。要实现换位方式的沟通，就必须有意识改变自己平时的沟通方式，学会积极倾听对方。良好的工作沟通不一定是说服对方，而是真正理解了对方的想法。即使是争辩，也必须是对事不对人的良性争论，不能进行人身攻击和恶语相向，这是职场人际沟通中最应该避免的现象。

3. 突破交往舒适区：人们都习惯和自己脾气相投的人交往，所以无论在哪个单位组织，都存在非正式的组织和团体，这是正常的现象。但是人在职场，必须要和所有组织内的人以及外部的客户打交道，就要学会适应不同性格的人。突破交往舒适区，就是要有意识和不同性格的人打交道，比如要主动找与自己不同性格的人聊聊天。看来很简单的事情，其实职场中大部分的人都难以做到。一旦你去尝试和另一种不同性格的人交往，看来是一件小小的突破，却对提升你的职场情商有很大帮助，从根本上改善你的职场人际关系。

职业情商是个人在职业上实现突破发展的关键因素。提高情商的途径与智商不同，智商可以通过学习和积累而得到提高，而提高情商需要的是修炼，既要修习，更要锻炼和磨练，需要长期坚持，通过心态、思维、行为、习惯的四项修炼，完全可以极大改进和完善自己的情商素质，从而使自己在工作中如鱼得水，为自己的职业发展创造更多机遇。

职业生涯体验

职业采访师

操作要求：选择 6 位不同行业、不同岗位的工作 5 年以上的工作人员，再选择 5 位与自己专业对口岗位的工作 5 年以上的工作人员。请他们谈谈他们眼中的成功职场人士应该具备哪些情商，并收集具体的案例。

评价方式：可以一人或分小组进行采访，要有采访人姓名、联系方式、工作单位及岗位名称、完整的采访记录，采访照片、并最终以 ppt 汇报的方式进行。

趣味职场

管理好你的情绪

一、活动准备

超过 20 人的小组。

二、活动步骤

（一）第一轮

1. 这个游戏的目的是通过眨眼睛的动作在屋内人群中传播一种情绪。其中 1 个人被指定为“情绪源”，这个人的任务就是通过眨眼睛的动作将不安的情绪传递给屋内的其他4个人，任何一个获得一个眨眼睛信息的人要把自己当作已经受到不安情绪感染的人。一旦被情绪感染了，他的任务就是要对其他3个人眨眼睛，将情绪感染给他们。当一个受到情绪感染的人已经向其他3个人眨了眼睛，他继续在屋内转悠，但不要再眨眼睛了。

2. 游戏开始前，让学员站成一圈，并闭上眼睛。

3. 自我介绍、握手，自由地交谈。他们可以和尽可能多的人交流。

4. 几分钟后坐到一起来。

5. 让一个受情绪感染的人，即“情绪源”站起来，并一直站着。

6. 让“情绪源”旁边的3个受到情绪感染的人也站起来。

7. 再让这3个人旁边的受到情绪感染的人也站起来。

8. 如此反复，直到所有人都站起来。（注意：对于一个60人左右的小组，只需要几分钟就可以使所有人都受到情绪感染。）

9. 让“情绪源”情绪低落下来。过一段时间，建议那些真正不耐烦的人现在可以坐下来。然后宣布，每个人，即使他们现在还感到低落，也坐下来。

（二）第二轮（可选）

1. 告诉学员，已经找到了缓解不安情绪的“灵丹妙药”，而且这种“灵丹妙药”是通过真挚柔和的微笑传播的。因为大家现在被不安的情绪控制，急需这种“灵丹妙药”。

2. 让大家再站起来，闭着眼站成一圈。告知大家，你会选一个人作为“微笑情绪源”，他会通过向3个人微笑，向他们提供治疗不安情绪的“灵丹妙药”。任何1个得到微笑的人应该对另外3个人微笑，作为回报。

3. 在圈外走几圈，但不要碰任何人的后背。在恰当的时候，好像你已经指定一个“微笑情绪源”一样，微笑着说“开始”。

4. 让学员自由活动几分钟。3分钟后叫停，并请他们坐下。

5. 请收到“灵丹妙药”的学员举手。

6. 请大家指出他们认为作为“微笑情绪源”的那个人。你会发现，大家会指向许多不同的人。

7. 告诉大家，从科学的角度而言这个世上并没有缓解不安情绪的“灵丹妙药”，也没有“微笑情绪源”。

（三）提问

1. 请学员描述一下在这一轮发生的情况。有人笑了吗？有人不自禁地笑了吗？

2. 回想第一轮。被不安情绪感染，有什么感受？你有什么想法或感觉吗？

3. 在被感染后，是否有人真的开始觉得不安了？你是否注意到你的一些非语言或语言行为有所变化反映了这种不安？

4. 是否有人尽力避免被感染？怎么避免？

5. 当微笑被传播时，你的反应有不同吗？

6. 在这个游戏的过程中，实际上是你想让别人对你微笑的期望促使你接受和给予微笑的。在现实生活中，你的期望是如何影响你的态度和行为的？你是如何养成自我完善的行为的？

7. 在现实生活中，在你的团队中，感情是如何传递的？当办公室里有人心情很糟糕时，一般会带来什么结果？人们的情绪是如何影响他人的？

8. 你的心情是如何影响你的同事的？

什么情绪对大家的工作成绩影响最大？对你个人呢？

一个团队的负面情绪对日常工作有什么影响？

在现实生活中，你是如何避免被负面情绪感染的？为了建立自己的免疫系统和抵抗力，你应该做什么？

第五章
求职准备工作

学习目标

通过本章学习，让学生理解适应社会、融入社会的能力及其与职业生涯发展的关系；针对自己与“职业人”的差距，制订提高措施，践行适应社会、融入社会的行为；理解求职的基本方法，增强自信、保持积极的心态。

第一节　树立正确的就业观

名言警句

基于聪明的设想出现的创新数量极大，哪怕成功的百分比比较小，仍然成为开辟新行业、提供新职业、给经济增添新的活动面的相当巨大的源泉。

——（美）彼得·德鲁克

案例导入

2009年，胡杨娟从甘肃省平凉市医专以优异成绩毕业，在经历了求职的艰辛之后，决定自主创业。经过认真考虑，她决定养殖野猪。在亲朋好友的大力支持和帮助下，胡杨娟开始学习养殖野猪的技术知识。2009年7月，养殖场建成了。2011年6月，胡杨娟注册成立了“源野”特种养殖专业合作社，并取得了“绿色食品”认证。据了解，合作社占地5000余亩，目前野猪存栏1500多头。这个成立于2009年，投资1100万元的企业掌门人胡杨娟还是铜川市年龄最小的政协委员。

万事开头难。胡杨娟虽然生长在农村，可自小上学，就没干过多少农活，别说是养野猪，就是养小鸡之类的事，她也没干过多少。好在她是有文化的人，学习能力很强。目标确立后，她立即投入到了知识的储备和筹备建场的忙碌当中。养殖专业学习与设施施工齐头并进。不久之后，养殖场建成了，有关养殖技术她也掌握了不少。“拼搏了就有希望，但不拼搏一定一事无成。既然选择了创业，我就坚信：有耕耘就会有收获。”

为了使自己的创业梦早日开花结果，胡杨娟每天早上天不亮就起床，在养殖场一忙就是一整天，巡查猪舍、喂猪、除粪便、记录野猪生长状况、更新档案等等。晚上回到家，还得上网学习养殖知识，在电话中与兽医和养殖户朋友交流经验。慢慢地，对野猪本能的恐惧与排斥心理消失了，甚至给野猪接生这样的事，她也敢做了。随着时间的增长，她发现自己当“猪倌”当得越来越像模像样了，还与那些黑乎乎的野猪建立了感情，一天不见就跟少了啥似的。

说起野猪养殖的优势，胡杨娟说：“特种野猪”是将野生野猪通过驯化选育而成的一种优良品种。他们合作社的“特种野猪”全部采取放养，不添加任何饲料，生长周期长，所以猪肉蛋白高、脂肪低、营养高，是真正的绿色食品。

创业的艰辛，把这个仅有20多岁的渭北高原的妹子磨练得老辣起来。她说，当前最让她焦急的是，今年出栏400多头野猪，目前才销售一半左右。究其原因，一是合作社销售渠道不畅，二是人们对野猪这个绿色食品的认识不够。广大消费者对野猪肉的青睐之日，也将是她们合作社的发达之时。她开玩笑说，我们合作社的广告语就是“吃山林野猪肉，享受绿色生活”。

案例点评：不少职业院校学生因为求职的艰辛选择了自主创业，创业的道路是艰辛的，需要有好的选项、启动资金，还需要专业的技能、坚强的毅力以及亲朋好友的支持。创业能带来比就业更快更多的收益，但付出也更多，也可能面临一系列的困难和风险，职业院校学生在看到创业者巨大成功的同时，也应当看到他们面临的巨大压力和风险，不可草率走上创业之路。

必备知识

随着我国经济体制、政治体制以及教育体制的改革和发展，高等教育已经走向大众，职业院校毕业生就业面临着激烈的市场竞争。成功就业是职业发展的第一步。每一位高职生毕业时，都将面临着各种机会、各种选择。这种机会和选择与个人事业的发展密切相联。想要把握机会，做出正确的抉择是与充分的就业准备分不开的。最好的职业并非总是由最佳的人选取得，但一定是由准备得最充分的人获得。求职与择业必要的准备即包括人的准备，也包括物的准备。只有不断积累自己的求职资本，增强自己的竞争能力，才能在激烈的就业竞争中得心应手、出奇制胜，在“双向选择”、“自主择业”中把握主动权，为未来的事业打下良好的基础。就业准备看似是一般技术问题，实则全靠平时修养积累。

一、目前大学生就业观念的误区

随着我国用人制度和大学毕业生分配制度改革的不断深入，大学生在为自主择业欢呼的同时，也感到了前所未有的就业压力。有些人甚至陷入某种择业心理误区而无法解脱。大学生择业心理问题，已成为当前不容忽视的教育问题和社会问题。

第一是期望值过高。有些大学生在择业过程中对就业形势和用人单位的需求了解不够，完全按照自己的理想一厢情愿地谋求高薪高酬职位，由于目标不切合实际，在择业过程中屡屡碰壁，结果导致心灰意冷，甚至丧失自信心。

第二是角色错位。一些大学生过惯了校园生活，对父母和学校的依赖性很强，一旦独立面对社会，面对社会角色的客观要求，面对复杂的社会关系，常常产生逃避心理和抵触情绪，因此，很难找到理想的工作。

第三是急功近利心理。一些大学毕业生一心只想留在大城市挣钱多、待遇好的单位，或者到合资企业、外企或沿海发达地区，为了功利不惜抛弃自己的专业和兴趣，但心理上难免会感到困惑。况且，越是大城市、大机关或沿海发达地区，人才就越密集，竞争也越激烈，离开自己的专业优势去竞争，使大学毕业生容易遭受挫折。

第四是“铁饭碗”情结。一些大学生受传统观念影响，固守着一次择业定终身的思维模式，希望一次择业就能抢占到生活的制高点，一劳永逸。其实在现代社会中，每个人都有多次择业的机会，那种“从一而终”的传统择业观念违背了社会发展潮流，应该摒弃。

第五是同伴攀比心理。一些大学生在择业时不是从自身实际出发，而是与同学攀比，特别是看到与自己成绩、能力差不多的同学找到令人羡慕的工作、获得可观的收入时，觉得自己找不到理想职业，很没面子。为了获得心理上的平衡，将自己择业的目标设计过高，其结果是高不成、低不就，陷入苦恼之中。

二、正确的就业观

就业观是人们选择和从事一定职业时的心态、情感、态度、评价标准和价值取向的总和，是一个人的人生观、价值观、劳动观以及享乐观等在对待职业问题上的重要表现。成功的职业发展一定是基于正确的就业观的指导，而错误的就业观必然导致失败的职业生涯。所谓正确的就业观就是指持有积极、乐观、向上的人生态度，认清就业形势和社会需求，全面衡量和评价自己的综合素质，并将自身条件与岗位相对照，让自己去适应工作，适应环境，寻求适合自己的就业之路，从而实现自己的人生价值。

就业观是人生观、价值观的一种体现，受人生观和价值观的支配。当前大学生在就业观念上存在着诸多误区，如：社会价值意识淡漠、功利主义倾向突出、择业目标趋高拒低，或犹豫观望、举棋不定，或过于自信、盲目乐观。树立正确的就业观应从以下几个方面着手：

（一）树立服务社会、造福人民的人生理想

一个具有崇高理想的人，总是把造福人类、造福社会作为自己奋斗的根本目标。职业活动既是人们利用自身已有的职业能力为社会服务的途径，同时又是人们通过自身职

业能力进行谋生的手段。就业观念不同的人，二者的比重是迥然不同的。造福人类、造福社会是一切品德高尚、功勋卓越的人们工作的根本目的，作为21世纪的一代新人，更应确立崇高的职业理想，把个人的理想融入为国家和人民服务的崇高理想中，立志将所学知识报效祖国，为祖国和人民的利益奉献自己的才智。

（二）个人愿望和社会现实需要相结合

社会变革需要大学生主动转变就业观念，拓宽就业渠道和发展空间。中国已逐步成为以国有企业、股份企业、外资企业、乡镇集体企业、个体私营等多种经济成分并存的社会。就人才需求来看，不少国企正处于企业转制，结构调整过程中，接纳毕业生的积极性不高，除生产第一线需要一定数量的技术工人外，技术和管理人员趋于饱和。外资企业对人才起点要求较高，对刚毕业的大学生也有一定的壁垒。然而，股份企业、个体私营企业对人才的需求却很旺盛，急需高素质的大学生来促进企业的新一轮发展，为毕业生的就业开辟了一个新的天地。

（三）不求专业对口但求学有所用

由于目前学校专业设置还较窄，不能完全适应社会经济建设的需要，调整改革也需要有一个过程。目前的就业岗位中，除了部分专业强的技术岗位外，很多岗位并不一味强调专业的对口。大学生除了学习专业知识之外，更重要的是培养自己的思维方式、发现问题和解决问题的能力。同时对专业对口就业应该有一个正确的理解，从事专业大类所面向的有关职业都应当算是对口的。

（四）不求一步到位但求先就业后发展

要破除选定终身的传统就业观念，在落实和选择就业单位和岗位时，不求一步到位。由于科学技术的不断发展和经济的不断变革，学校教育和生产实际相脱节的现象还不同程度地存在，学生的知识面还比较窄，还缺少实践的锻炼，所学知识有待提高、丰富。因此，广大毕业生要对自己和社会有一个正确的认识和分析，对就业单位、岗位的挑选要适度，适当降低择业期望值，迟就业不如早就业，要树立先就业后择业的观念。工作若干年以后，由于知识的更新、能力的提高，还可以根据自己的实际情况、发展方向重新选择新的就业单位和岗位。

（五）不贪图工作舒适但求长足发展

目前大型企业员工队伍技术管理实力强大，对人才引进不急迫，且对员工要求起点很高。而中小成长型企业急需高素质员工，从年轻人的成长过程来看，从中小企业第一线干起，增强实际锻炼的机会，对其今后的发展是必要和有利的。毕业生要敢于经受实际锻炼，在实践中不断提高自己、发展自己。

（六）贡献社会与实现自我价值有机结合

随着人才市场竞争激烈，大学生就业形势日益严峻，这使有些毕业生认为，自己生不逢时，很难实现自己的价值，从而妄自菲薄，自暴自弃。实际上，一个人自己从低点、从基层起步，经过自己的努力，提高自身的职业能力，一步一步积累和成长，为社会和组织做出贡献，同时实现自己的目标。所以毕业生切忌好高骛远，片面追求工作单位的地域和待遇，择业要注重学以致用和成才环境。

三、正确认识职业理想与现实的关系

职业理想是人们在职业上依据社会要求和个人条件，借想象而确立的奋斗目标，即个人渴望达到的职业境界。它是人们实现个人生活理想、道德理想和社会理想的手段，并受社会理想的制约。职业理想是人们对职业活动和职业成就的超前反映，与人的价值观、职业期待、职业目标密切相关的，与世界观、人生观密切相关。

在实际生活中，现实往往与职业理想发生矛盾，很多大学生不能按照自己的理想标准选到合适的职业，于是有的人索性不就业，坐等理想职业的出现；有的人随便谋个有收入的职业混日子；也有的人对与自己的职业理想不相符的工作怨天尤人，无所作为……这些现象发生的根源，皆在于大学生没有能正确认识职业理想与现实的关系。

第一，要认真地分析一下自己的职业理想定得是不是脱离实际、过高；自己的职业素质符合不符合你所选择的职业要求。职业理想虽然因人而异，没有绝对的标准。但是，有一点必须指出的是，理想职业必须以个人能力为依据，超越客观条件去追求自己的所谓理想，是不现实的。这就要求大学毕业生在选择职业之前一定正确估价自己，给自己一个合理的职业定位。

第二，要懂得职业理想不等于理想职业。一般认为，当个人的能力、职业理想与职业岗位最佳结合时，即达到三者的有机统一时，这个职业才是你的理想职业。只要你的职业理想符合社会需要，而自己又确实具备从事那种职业的职业素质，并且愿意不断地付出努力，迟早有一天会实现自己的职业理想；而理想职业却带有很大的幻想成分。

第三，要有先就业再择业的心理准备。要认识到自强必须先自立，首先得在社会上获得生存的条件，找到立足之地，在就业以后，可以在主观的作用下向自己的职业理想靠近，追求自身的发展。

四、就业、择业、创业

在“双向选择、自主择业、由市场配置资源”的就业机制下，毕业生可以考虑“先就业、后择业、再创业”的职业发展道路。

（一）就业是职业生涯的起点

职业院校毕业生要想早日实现自己职业生涯的目标，首先必须及时就业。所谓及时就业，就是从毕业时，如果有用人单位接收，即签约上岗。及时就业能为创业做好充分铺垫，一是便于积累工作经验；二是便于搜集和掌握各类信息；三是便于资金的积累；四是便于寻求志同道合的好友，共商创业大计。及时就业，尤其是首次就业的机会不能把握，势必影响本人的职业发展与创业的成功。

首次就业是人生中的重要转折，它将带来生活方式的重大变化，是职业生涯发展的重要经历和起点。

首次就业是高职生人生中的重要转折，是生活方式质的变化。没有首次就业，职业生涯就不可能开始，职业生涯就永远停留在职业准备阶段。

首次就业是职业生涯的重要经历，是职业生涯发展的起点。没有首次就业，就不可能有从业阅历，不可能对职业有真正的感悟，不可能真正实现人生角色的转换。

首次就业的目标要务实；首次就业的实际岗位可能与你的规划有差距，但你不要轻言放弃，要从基层岗位做起，脚踏实地才能向上攀登；首次就业忌好高骛远、眼高手低，要胸怀大志，更要顺应时势，才能使自己的职业生涯获得成功。

（二）择业是职业生涯必有的历程

这里讲的择业是指大学生在就业后根据社会需要和自己的能力、愿望，决定选择新的与本人意向或发展有利的职业的行为。

人的职业生涯或历程有着种种不同的可能：有的人一生变换多种职业，有的人终生定位于一个岗位上；有的人不断追求事业的成功，有的人一生都无所作为。造成职业生涯的差异，有个人能力、心理、机遇等方面的问题，也有社会环境与社会政治、经济、文化因素的问题。设计好个人的职业生涯，以最合理的途径进入最恰当的职业岗位，已成为许多大学生就业后特别关注的重大问题。

一个人的职业生涯分为六个时期，即职业准备期、职业选择期、就业初期、就业中期、就业后期、职业结束期。对于大学毕业生就业来说，“职业选择期”应处在“就业初期”之后。事实上，大学生对职业的选择不是一次性就业就能决定的。首先，考上大学时决定学什么专业的志愿就是职业选择的开始；其次，毕业时为及时就业，临时选择一种职业；第三，在工作实践中，根据社会的发展与需求以及自己的长项，再次选择自己较为理想的职业。而大学毕业生就业后的职业重新选择是时代发展的产物，是科技创新和经济腾飞的必然结果。

择业是大学生了解自我、调整自我的过程。大学生在就业的工作实践中，了解何业可为、何业可不为的信息后，才能选择适合自己的满意职业，以充分施展自己的才华。因此，这个过程是了解、调整自我的过程。只有通过了解自我、调整自我，才能找准目标和发展方向。大学生的择业是人才的合理流动，不但有利于经济效益和社会效益的提高，而且还将促进大学生工作能力的培养和综合素质的全面发展。为了选择一个理想的职业，在首次就业后的实践中，不断总结工作经验，认真寻求新的实践举措，完成本职任务，这是职业生涯目标获得成功的必然途径。

（三）创业是就业之本

职业院校学生学业完成，投身到社会各职业部门工作，这是一般意义上的“就业”问题，而创业是就业后的最高境界。大学生受过专门的高等教育，应成为创业的急先锋，这是高等教育的初衷，也是落脚点。大学毕业生通过就业、择业的过程，为创业作了必要的铺垫，实现创业目标应是大学毕业生最终的目的。

拓展阅读

阅读资料一：

择业观念是否真的转变

据抽样调查，不少职业院校学生择业“心理价位”过高，特别是名牌大学研究生对职业报酬高出往届毕业生近20%。充满机遇、竞争、诱惑的大都市，是大部分毕业生的“理想港湾”。目前在职业院校学生中间有一种说法，叫做“天南海北都不怕”，意思是天津、南京、上海、北京，哪里都行，但除了这些地方，别的地方就要考虑考虑了。有些毕业生不惜以种种方式，甚至准备“打临工”留沪择业。

择业行为浮躁，缺乏“诚信”的自我约束。调查显示，有85%的在校生打算就业时签约不超过3年；有近70%的人估计自己工作不满3年就要“跳槽”。于是，有些应聘毕业生一边在签约一边又另觅他途；有些以签约单位为跳板，达目的后便报以“毁约”。

面对人才市场的竞争和压力，不少应届大学毕业生抱怨求职难。然而一些用人单位也在叫苦：不是我们不招人，而是许多职业院校学生眼界太高，非外企不去、非城市不去、非高薪不去，哪里看得上我们这种“冷门单位”！在上海交通大学举行的一次招聘会上，当苏州一家台资电脑公司对应聘者介绍月薪为1500元时，不少投递简历的学生立即要回简历，认为这么低的报酬简直是对他们的一种侮辱。而这家公司经理颇感迷惑：“这条件在苏州算不错啦！”

眼下人才市场，职业院校学生的求职走向呈现“三多三少”现象，即外企多，国企少；城市多，乡镇少；东部多，西部少。复旦大学经济系主任、就业与社会保障研究中心主任袁志刚教授认为，这在一定程度上显示了现在职业院校学生求职观念的滞后。他说：“以前，读大学可以算得上是精英教育，但如今大学已经由精英教育转变为大众化教育了，这是我国教育水平日趋提高的重要标志。依我看，毕业生要对自己进行正确的评估，即对个人的专业特长、兴趣爱好、性格特征、待人接物的能力、擅长的技能及个人志愿做一下充分的、全面的分析，进而找到合适的工作机会。如果一味坚守着‘读大学就能找个好工作’的观念，千军万马涌向知名企业、高薪这座‘独木桥’，造成中西部和农村人才奇缺，从长远来看，非常不利于整个国家的均衡发展。”袁志刚教授建议，对一些愿意去欠发达地区的学生，社会应给予较高的礼遇，形成一种激励机制和非常灵活的流动机制，消除植根于学生心目中“到欠发达地区没有前途”的印象。

阅读资料二：

“骑驴找马”能否行得通

目前，由职业院校学生跳槽引发的人才信用问题是职场争论焦点。对此，北大的谌冠英同学认为，由于没有工作经验，职业院校学生要通过朋友的介绍，最终选定几个适合自己的目标，并且总要亲身经历过才知道自己与企业是否真正适合。

北森的职业咨询顾问朱伦则认为，就像谈朋友和结婚一样，并不是都要尝试了以后才去选择。很多人都觉得，世界上一定有一个特别适合我的工作，做了以后简直快乐的不得了。实际上工作中除了你要做的事情之外，还有周围的同事、领导，还有企业的文化，还有中国社会的发展阶段、历史的发展阶段，这些都会影响你对工作的感受，所以说特别适合自己的、一辈子做得开心的工作并不存在。简单来说，找到一个合适的工作需要三方面条件，一是激情，二是体会成功，三是责任心。

高宁宁先生认为，对于职业院校学生来讲，要特别注意忠诚、诚信。我们非常不喜欢跳了三至五次槽的应聘人，如果工作三年就换了五个岗位，我们基本不会考虑。就像离婚一样，也许你是在选最适合的，但是在跳来跳去的过程中，社会对你的看法已经发生了根本的改变。所以一定要争取一步看准。现在可选择的范围太广了，金山在名校毕业的学生中选择比例是百分之一，因此企业肯定会选择更适合的人才。无论是何种原因，跳来跳去，都极有可能影响到将来进入比较正规的公司，即便这种跳槽是企业经营的原因，而非个人主观意愿。

北大 MBA 周晓明则认为：“刚毕业的时候，其实并不知道自己适合做什么，真是做了几样工作之后，才知道什么才是适合自己的。所以，叫一个应届毕业生‘一眼看准’确实很难。社会在变，对于职业院校学生来说，有了一定的社会阅历可能更有助于判断。但是，你要有自己的原则，有些东西不能太先入为主，也许最开始时不太喜欢的工作，做着做着就会喜欢上了。”

职业生涯体验

以 4 人为一小组，每人通过求职网络上发布的招聘信息，寻找一个自己喜欢的岗位工作。列出自己能从事该岗位的优势因素，同时找出自己的不足。结合这一岗位，分析发展的各个阶段的岗位职务以及工作年限，并预测在每个阶段中自己应该能得到的薪水。

小组成员交换这一方案，通过网络或者寻找相应岗位的在职人员进行访谈，帮助队友分析可行性，写出可行性报告。每组交流后，选出最有代表性的一份报告进行班级汇报。

趣味职场

组织同学们围成圆圈状而坐。以某位同学为“1”开始报数，遇到“3”或者“3”的倍数序号的同学就喊：“跳”或“过”。如果喊“跳”的话，第 4 位同学就不能报数，而是就轮到第 5 位同学报“4”；喊“过”的话，就轮到第 4 位同学喊“4”，依次轮流下去。出现差错的同学就谈谈他的职业理想。请大家为他的职业理想出出主意，应该怎么做，他自己是怎么想的，大家可以给他什么样的建议，等等。

第二节　求职材料和面试技巧

名言警句

决定一件事时，事先要小心谨慎研究清楚，当决定后，就勇往直前去做。

——李嘉诚

案例导入

某高校物理系毕业生小张，为了把自荐书做得“更有厚度”，从省内外的几家报纸杂志上找出10多篇有分量的文章，贴上自己的名字拿去复印。在其“发表”的文章里，不仅有新闻报道，还有散文和具有一定深度的经济分析文章，堪称“知识面广”。在双选会上，当小张将自荐书递给一家单位的招聘负责人时，却很快露了“馅”。当时，单位负责人看到小张的自荐材料后很高兴，以为招到一个高素质人才。然而，当负责人向小张问起一些经济方面很简单的问题时，小张却吞吞吐吐半天答不上来。心生疑惑的负责人拿着小张的自荐材料，又连续问了几个关于他所“发表”过的几篇文章的问题，小张本来就不是很了解相关知识，结果只好“沉默是金”。在负责人频频摇头之后，小张赶紧捂着脸离开了那家招聘单位。

案例点评：求职简历是求职者通过企业测试的第一道门槛，如何写好简历是找工作中较难的一部分。职业院校学生在制作简历时，不必面面俱到，更不能华而不实，而应该抓住重点，对自己的能力，尤其是用人单位看重的能力进行表述。优秀的简历通常借鉴有度，适度包装，有一定的特点，但绝不盲目夸大。简历中涉及各方面内容的重要程度要和用人单位的具体情况结合起来，切忌避重就轻。而如果为了得到单位的面试机会而伪造或篡改自己的简历，使之不能真实、完整地体现你的特点、优势和个性，那么，它将起到适得其反的作用和效果。

必备知识

一、求职材料的准备

（一）求职信

求职信又称为自荐信，是毕业生向用人单位自荐、谋求职位的一种书信体材料。求职信通常由标题、称谓、正文、落款、祝颂语和附件等部分构成。

1. 标题

标题是求职信的眉目，居中写明“求职信”、“自荐信”或“应聘信”等。

2. 称谓

写给用人单位的人事部门或直接写给单位负责人，注意称谓要做到礼貌、得体。对用人单位明确的可直接写明单位名称，如“尊敬的××公司人事部”、“尊敬的××公司王经理”；在用人单位不确定的情况下，称谓可写“尊敬的公司人事部领导”、“尊敬的总经理先生”等。一般不要用“亲爱的”、“我最尊敬的”等字眼。

3. 正文

（1）开头语。先写问候语“您好”，表示礼貌、尊敬。再写求职人的自我简介或用人信息的获得渠道。如“我叫胡小平，是浙江经济职业技术学院汽车运用系汽车装潢与营销专业的应届毕业生。见《钱江晚报》贵公司招聘启事，我有意应聘其中汽车修理工一职。”也可以用积极奋发及富有激情的笔触来写，如：“刚迈入韶华岁月的我，向往美好的人生，漫漫人生路，我想路在我的脚下，第一步我所盼望的，是能够迈入贵公司的大门。”开头语表述应简洁明确、干脆利落，不宜过多过长。

（2）主体。这是求职信的核心部分，具体内容应视个体情况而定。尽管主体部分没有固定的内容，但对一名毕业生一般采用如下思路：

首先，具体介绍自己的专业优势，即学习的主要专业课程，参加的专业实践活动及在各类专业竞赛中的获奖情况等，要充分展示自己在专业方面的突出成绩，使自己在众多应聘者中出类拔萃。

其次，介绍自己的工作能力及爱好特长，包括自己在校期间担任学生会、班级的主要干部职务，在各类活动中，扮演的角色展现自己的组织能力、人际交往能力、口才表达能力等等。个人的兴趣、爱好及特长也是竞争的优势。

再次，如果用人单位明确，可以谈谈对企业的认识、了解，表达迫切要求工作的愿望及录用后的打算。如“贵厂是闻名遐迩的中外合资企业，总经理知人善用，重视人才，我非常愿意并渴望到贵厂工作，并愿为贵厂的兴旺发达贡献自己的知识与才华。”

（3）结尾。再次表达求职的愿望，希望获得机遇，起到吸引和打动对方的作用。如“我期待着好消息”、“热切地盼望着贵公司给予答复”等。

（4）祝颂语。可写“此致敬礼”，也可写“祝贵公司兴旺发达”等祝颂性的话。

（5）附件。这也是求职信的重要组成部分，它是求职信以外的其他材料。如：学历证书、成绩单、获奖证书、技能证书、论文等复印件。如材料多，依次标上序号。这些材料是个人专业优势和能力特长的印证，对用人单位来说是反映个人才能、知识的重要证据。

（6）落款。署上求职者的姓名、日期。

（二）求职简历

求职简历是对求职者比较直观详细的介绍，建议选用表格式来制作。由个人信息、教育背景、获奖及证书情况、实践经历以及兴趣爱好等内容组成。

1. 个人信息

这部分主要介绍求职人的基本信息，比如：姓名、出生年月、毕业院校专业、联系电话、籍贯、身高、政治面貌等，还可以放入个人的 1 寸照片。

2. 教育背景

主要介绍求职人的学习经历，高中到大学在什么学校学习，担任过什么职务。还可以写一下在校期间的主修和拓展课程，但不必罗列所有的课程，可以结合求职的岗位所需要的职业素质来选择相应的课程。

3. 获奖及证书

表现求职者在校期间技能学习等方面的信息。可以分成获奖情况和技能证书两块来写，写的时候特别要注意按照一定的时间顺序进行排列。

4. 实践经历

这是比较直接反映求职者在校期间的实习实践情况的内容，由于当前许多用人单位都比较期望应聘者具备一定的社会工作经验，所以这部分尽可能传递出求职者愿意积极参与社会实践的信息。写作时也要按照时间顺序来排列，最好说明时间、单位、实习岗位名称三要素。有些求职者社会实践经历比较多，那就可以围绕所应聘的岗位进行筛选，选择与岗位性质更为相关的、或者实习单位更具有知名度的一些业务来写。

5. 兴趣爱好

个人兴趣爱好要避免写得泛泛笼统或太过一般性，比如阅读、听音乐、喜欢旅行，一定要写得具体、能充分体现求职者某项的趣向爱好，如有体育爱好的，可以这样写：“篮球，我的位置是中锋”，增强可信度。有乐器、书法类的爱好，也可以把自己参演的照片或艺术作品附在求职材料里。

（三）制作求职材料的基本要求

1. 简洁并有针对性

简历的语言表达必须做到简练，最多不超过 3 页，以 2 页为最佳。

在简历制作时，必须有针对性，即针对每一个公司和职位制作不同的简历。在简历中重点列举和所申请公司及职位的相关信息，弱化甚至删除对方可能并不重视的内容。尤其是把符合招聘启事中明确列出的职位具体要求的信息点放在一个黄金位置（一般在 A4 纸上的 1/3 处）。

据了解，招聘官平均只会在每份求职简历上花费 1.4 分钟。那么，在招聘官的 1.4 分钟速看 1 页半的简历中，他会将注意力集中在什么材料当中呢？一般来说，最重要的就是要明确自己的应聘职位，并突出与之相应的能力、成就以及过去的经验，因为雇主们都想知道你能为他们做什么，而含糊的、笼统的、毫无针对性的简历在第一轮筛选简历时就会立刻被丢弃，使你失去机会。

2. 真实可靠

简历要务实。阐述你的技巧、能力时要尽可能准确，不夸大也不误导，确信你写的与你的实际能力及工作水平相当。不要在表现个人能力时用团结同事、能给公司带来如何如何的效益等空话，这丝毫显示不了你的能力。

要注意数据的准确性。如果一份简历数据失误，可以想象会带来什么样的后果。另外，数据虽重要但在简历中不要过多地罗列数据，连片的数据往往会让人事经理觉得心烦而放弃继续阅读。

其实，用人单位想获知你是否作假并不难，须知诚信无价，许多单位都将诚实作为第一重要的品质，一旦发现你作假，即使你再优秀也不会录用你。

3. 醒目有条理

简历的格式和外表不一定华丽，但应该醒目。注意在简历中留一些空白处和强调处理，用这些空白处和边框来强调你的正文，或使用各种字体、格式来突出你的内容。一份好的简历不仅有主题突出的经历，而且有特别的表现格式，这是吸引人事经理的关键。如果能合理地使用各种字体格式，如斜体、大写、下划线、首字突出或箭头等方式，有重点、有节奏地表达思想，往往能使重点内容吸引住招聘官的视线；同时在编排信息点时，要进行逻辑分类，从而体现出求职者的逻辑思维能力。

4. 避免错别字

在实际情况中，许多人事经理都说到了这个问题：他们最讨厌错字别字。许多人事经理说："当我发现错别字时我就会停止阅读。"所以，一定要认真写。雇主们总认为错别字说明求职者的素质不高，态度不够认真。

5. 注意应有礼貌

结尾部分建议以"感谢对方在百忙之中阅读这份履历"，并且"诚挚地期望得到面试的机会"、"希望有幸能为公司效力"这样的句子作为结尾，给主管留下美好的印象。

（四）求职材料中"四忌"

另外，在毕业生求职信中，常见的错误就是把自己过度包装，主要有以下几个方面：

1. "熟练使用"英语或计算机

英语和计算机已成为毕业生必备的两项基本能力，毕业生在简历中关于这两项能力的表述几乎是清一色的"精通"或"熟练"。尽管简历中都说自己英语口语流利，但是在招聘现场常常发现有学生并不能听懂用英语提问的问题。这时，招聘人肯定会对学生的诚信产生质疑。有一家网站的招聘人员表示，简历里大家都写着熟练使用计算机，但真正上机操作时，有的学生就显得"迟钝"了。很明显，对于计算机他只是掌握了简单的操作，与熟练操作相差甚远。

2. "很强"的团队合作能力

经常被过度包装的还有自己的能力，学生对于自己的评价过高，与实际却相差甚远。北京的一家外企人力资源部的负责人说，对于简历中学生介绍的信息，企业开始用心考察。大多数企业很看重团队合作精神，所以很多学生介绍自己有很强的团队合作能力，曾带领小组成功完成某个项目等。这位负责人说，企业招聘面试时有个测试叫无领导小组讨论，让五六个学生针对某个问题进行讨论，例如推广公司产品如何在本地上市。这个测试是让几个学生共同讨论出一个结果，观察求职者在团队的合作中担当什么角色，能否与别人配合。但经常有学生会表现很突出，抢别人的话，不给其他人发言的机会。这与简历所述的很强的团队合作能力显然不符。

3. "突击提拔"自己的职务

大多数企业倾向于招聘在学校里担任过一定职务的职业院校学生，这促使很多学生在做求职简历时“突击提拔”自己。学生会的干事可以改为主席，社会活动参与者可以改为组织者。一家 IT 企业的人力资源部惊奇地发现，在收到的简历中，一所学校同时有 4 个校学生会主席，文娱部部长不少于 8 个。如今企业也学聪明了，你说你是学生会主席，企业会打电话给学校老师、同学证实，到底是不是真“李逵”立刻见分晓。

4. 把芝麻说成西瓜

大学里很多学生会参与各种各样的社会实践，这些社会实践规模有大有小，但在简历中经常被描绘成大事，而学生自己在其中也都是起到举足轻重的作用。比如，有的学生只是做过某个产品的促销和直销，但会说自己曾经在华南区域策划组织过产品的推广活动。真正让他介绍对任务的执行过程时，学生则说得很笼统，毕竟没做过的事情，挖空心思也不会介绍得那么翔实，而且言多必失。还有的学生为了证明自己曾经参与过某项活动，把当时拍的现场照片放到简历中来，但照片证明不了你的领导能力或真正做过的一些事情。

（五）求职材料的投递方式

当简历完成后，下一步就是投简历。那么，如何才能把简历顺利交到人事经理的面前呢？这个小小的细节在求职过程中也充满了学问。据调查，通过 E－mail 和网站递交的电子版简历，得到的关注比通过传统的信件要少，平均会少 23 秒左右。此外，调查还发现，约有 5% 的电子版简历由于网络或其他问题没有被招聘者看到。因此，建议大家仍然通过传统的邮递方式发送简历，除非招聘单位明确标示其偏向性。

发送电子版简历时，最好直接将简历粘贴在正文中（粘贴后要重新排版），不要以附件的形式发送（除非公司要求）。

电子邮件中的“Subject”一栏千万不能空白，必须写上自己的姓名以及应聘的职位。还要注意的是，招聘启事上通常都要求“学历证、学位证、身份证复印件，1 寸相片”，原则上只需发电子版简历和照片即可，并在简历上注明“为防止您下载过慢，本人将在面试时携带‘三证’以供查验，谢谢”，人事主管会更喜欢这种做法。

二、参加面试的技巧须知

（一）应试者语言运用的技巧

面试场上你的语言表达艺术标志着你的成熟程度和综合素养。对求职应试者来说，掌握语言表达的技巧无疑是重要的。那么，面试中怎样恰当地运用谈话的技巧呢？

1. 口齿清晰，语言流利，文雅大方

交谈时要注意发音准确、吐字清晰，还要注意控制说话的速度，以免磕磕绊绊，影响语言的流畅。为了增添语言的魅力，应注意修辞美妙，忌用口头禅，更不能有不文明的语言。

2. 语气平和，语调恰当，音量适中

面试时要注意语言、语调、语气的正确运用。打招呼时宜用上语调，加重语气并带拖音，以引起对方的注意。自我介绍时，最好多用平缓的陈述语气，不宜使用感叹语气或祈使句。声音过大令人厌烦，声音过小则难以听清。音量的大小要根据面试现场情况而定。两人面谈且距离较近时声音不宜过大，群体面试而且场地开阔时声音不宜过小，以每个用人单位都能听清你的讲话为原则。

3. 语言要含蓄、机智、幽默

说话时除了表达清晰以外，适当的时候可以插进幽默的语言，使谈话增加轻松愉快的气氛，也会展示自己的优越气质和从容风度。尤其是当遇到难以回答的问题时，机智幽默地语言会显示自己的聪明智慧，有助于化险为夷，并给人以良好的印象。

4. 注意听者的反应

求职面试不同于演讲，而是更接近于一般的交谈。交谈中，应随时注意听者的反应。比如，听者心不在焉，可能表示他对自己这段话没有兴趣，你得设法转移话题；侧耳倾听，可能说明由于自己音量过小使对方难于听清；皱眉、摆头可能表示自己言语有不当之处。根据对方的这些反应，就要适时地调整自己的语言、语调、语气、音量、修辞，包括陈述内容。这样才能取得良好的面试效果。

（二）应试者手势运用的技巧

其实，在日常生活交际中，人们都在自觉不自觉地运用手势帮助自己表达意愿。那么，在面试中怎样正确地运用手势呢？

在与他人交谈中，一定要对对方的谈话表示关注，要表示出你在聚精会神地听。对方在感到自己的谈话被人关注和理解后，才能愉快专心地听取你的谈话，并对你产生好感。面试时尤其如此。一般表示关注的手势是：双手交合放在嘴前，或把手指搁在耳下；或把双手交叉，身体前倾。

（三）应试者回答问题的技巧

1. 把握重点，简捷明了，条理清楚，有理有据

一般情况下回答问题要结论在先、议论在后，先将自己的中心意思表达清晰，然后再做叙述和论证。否则，长篇大论，会让人不得要领。面试时间有限，神经有些紧张，多余的话太多，容易走题，反倒会将主题冲淡或漏掉。

2. 讲清原委，避免抽象

用人单位提问总是想了解一些应试者的具体情况，切不可简单地仅以“是”和“否”作答。应针对所提问题的不同，有的需要解释原因，有的需要说明程度。不讲原委，过于抽象的回答，往往不会给主考官留下具体的印象。

3. 确认提问内容，切忌答非所问

面试中，如果对用人单位提出的问题，一时摸不到边际，以致不知从何答起或难以理解对方问题的含义时，可将问题复述一遍，并先谈自己对这一问题的理解，请教对方以确认内容。对不太明确的问题，一定要搞清楚，这样才会有的放矢，不致答非所问。

4. 有个人见解，有个人特色

用人单位有时接待应试者若干名，相同的问题问若干遍，类似的回答也要听若干遍。因此，主考官会有乏味、枯燥之感。只有具有独到的个人见解和个人特色的回答，才会引起对方的兴趣和注意。

5. 知之为知之，不知为不知

面试时遇到自己不知、不懂、不会的问题时，回避闪烁，默不作声，牵强附会，不懂装懂的做法均不足取，诚恳坦率地承认自己的不足之处，反倒会赢得主考官的信任和

好感。

（四）应试者消除紧张的技巧

由于面试成功与否关系到求职者的前途，所以职业院校学生面试时往往容易产生紧张情绪。有些职业院校学生可能由于过度紧张而导致面试失败。因此必须设法消除过度的紧张情绪。这里介绍几种消除过度紧张的技巧，供同学们参考。

1. 面试前可翻阅一本轻松活泼、有趣的杂志书籍

这时阅读书刊可以转移注意力，调整情绪，克服面试时的怯场心理。避免等待时紧张、焦虑情绪的产生。

2. 面试过程中注意控制谈话节奏

进入试场致礼落座后，若感到紧张先不要急于讲话，而应集中精力听完提问，再从容应答。一般来说人们精神紧张的时候讲话速度会不自觉地加快，讲话速度过快，既不利于对方听清讲话内容，又会给人一种慌张的感觉；讲话速度过快，还往往容易出错，甚至张口结舌，进而强化自己的紧张情绪，导致思维混乱。当然，讲话速度过慢，缺乏激情，气氛沉闷，也会使人生厌。为了避免这一点，一般开始谈话时可以有意识地放慢讲话速度，等自己进入状态后再适当增加语气和语速。这样，既可以稳定自己的紧张情绪，又可以扭转面试的沉闷气氛。

3. 回答问题时，目光可以对准提问者的额头

有的人在回答问题时眼睛不知道往哪儿看。经验证明，眼睛东瞧西看、目光不定的人，使人感到不诚实；眼睛向下、目光低垂的人，给人一种缺乏自信的印象；两眼直盯着提问者，会被误解为向他挑战，给人以桀骜不驯的感觉。如果面试时把目光集中在对方的额头上，既可以给对方以诚恳、自信的印象，也可以鼓起自己的勇气，消除自己的紧张情绪。

（五）应试者在面试时的礼仪

礼仪是无声的“语言”，是促进交流、合作的手段，是一个人公共道德修养的体现，也是衡量个人形象的重要标准。作为大学毕业生，面试中礼仪其实占了很大的比重。参加面试，要掌握必要的基本礼仪，学会推销自己，为成功求职铺平道路。只有这样，才能发挥自己的竞争优势，在求职中取胜；也有利于入职后处理好各种人际关系，为今后的工作顺利开展奠定基础。

1. 面试时的仪表要求

在求职面试活动中，或在最初的人际交往中，仪表往往比一个人的简历、介绍信、证明信、文凭等书面材料的作用更能产生直接的效果。主考官往往通过仪表来判断求职者的身份、学识、个性等，并形成一种特殊的心理定势和情绪定势，这种心理定势和情绪定势是非常重要的。因为一个人对另一个人的印象和观感，在初次见面时的短短数秒内就已经形成，这个印象无形中左右着主考官的判断。因此，求职者一定要注重求职时的外表形象。

参加面试时，服装应大方得体。如果去机关、事业单位或大公司面试，最好穿西装或者套装。男生穿西装时，颜色以素净为佳；衬衫以白色比较好；尽量选择颜色明亮的领带，但太过鲜艳显得花哨；皮鞋应以黑色为佳，并配以深色袜子，忌配运动式皮鞋、

白色袜子。

女生面试时尽量选择带领子、袖子的服装，套装是最合宜的装扮；着装要遵守三色原则：即全身服装颜色不多于 3 种，服装颜色以淡雅或同色系的搭配为宜，颜色切勿过于花哨；应穿着高跟鞋，最好避免平底鞋，千万不要穿拖鞋。

2. 面试时的仪容要求

面试时，头发要梳理整齐，并注意保持头发清洁。另外要保持手部的清洁，指甲应修剪整齐。女生可以略施脂粉化淡妆，不宜擦拭过多的香水。

3. 面试时的仪态要求

（1）站姿。站立时要挺拔、优雅；头正，下颌微收，双目平视前方，面容平和自然，面带微笑；两肩平放，气下沉，自然呼吸；两臂放松，自然下垂于体侧，虎口向前，手指自然弯曲；挺胸、收腹、立腰；两腿并拢直立、夹紧，两脚跟相靠，两脚的脚尖打开，身体重心均匀放于脚掌，脚弓向上。

站立时避免探脖、斜肩、驼背、挺腹、撅臀、耸肩、双腿弯曲或不停颤抖等不雅动作。也不要将手插入裤袋或交叉在胸前，更不能下意识地做摆弄衣角等小动作，那样会显得拘谨，给人缺乏自信的感觉。另外，站立交谈时，身体不要倚门、靠墙、靠柱，双手可随说话内容做一些手势，但不可手舞足蹈。

（2）坐姿。从座位的左侧入座，轻稳坐下；入座时要轻、要稳，女生入座前要先整理衣裙下摆；双目平视，嘴唇微闭，下颌微收；双肩平正放松，两臂自然弯曲平放在腿上，也可以掌心向下放在椅子或沙发扶手上；坐姿要求挺胸、提臀、立腰；上体自然挺直；双膝自然并拢，双脚尖向正前方或交叠；男生双脚可平行打开。

坐时勿弯腰驼背。就坐时应避免不雅体态，不要动作太大，不要低头，不要大弯腰。需要注意的是，如果与考官一起入座时要让考官先入座，入座后坐满椅子的 2/3 轻靠椅背。侧身与他人交谈时，应尽量把上身侧向对方。

（3）走姿。行走时要头正肩平，目视前方，挺胸收腹，重心前倾，臂摆幅度小，步速平稳，步幅适度，表情与步履自然。避免身体前俯后仰、走八字步、步幅太大或太小；身体切勿乱摇摆，以免给人轻佻、缺少教养的感觉。

4. 面试时的时间要求

提前一点时间到达面试地点是非常必要的。无论在什么情况下，都不要让考官等你。去面试时至少要给自己留出 20 分钟的富裕时间，这样即使迷路或塞车也能按时到达，同时也利于调整自己的心理，做一些简单的准备，避免仓促上阵，手忙脚乱。

5. 面试时的告别要求

面试时要特别注意对方结束面谈的暗示，适时礼貌告辞。一般来说，在高潮话题结束之后或者是在主考官暗示之后就应该主动告辞，不要盲目拖延时间。但过早地想离场会使主考官认为你应聘没有诚意。即使面试失败，也要面带微笑地向主考官致谢。

6. 面试后应具备的礼仪

实际上，面试结束并不意味着求职过程的完结，也不意味着求职者就可以袖手旁观以待聘用通知的到来。许多求职者只留意应聘面试时的礼仪，而忽略了应聘后的善后工作。求职者不应该翘首以待聘用通知的到来，有些事你还需要继续做。

表示感谢。为了加深招聘人员对你的印象，增加求职成功的可能性，面试后两天内，你最好给招聘人员打个电话或写封信表示谢意。打电话最得体的时间应该是对方方便的时间。感谢电话要简短，最好不要超过3分钟，电话里不要询问面试结果。通话也要注意控制音量。面试感谢信包括电子邮件和书面感谢信。感谢信内容要简洁，最好不要超过1页纸，在书写方式上有手写和打字两种。感谢信的开头应提你的姓名及简单情况，以及面试的时间，并对主考官表示感谢。中间部分要重申你对该公司、该职位的兴趣，或增加一些对求职成功有用的新内容。结尾可以表示你对能得到这份工作的迫切心情，以及为公司的发展壮大做贡献的决心。

总之，面试结束后，你要及时调整情绪和心态，正确对待面试中的失误和失败。因为在面试交谈中难免因紧张而出现失误，也不可能面试一次就一定成功。此时，切不可因此而灰心丧气。要记住，一时失误不等于面试失败，重要的是要战胜自己，不要轻易地放弃机会。即使一次面试没有成功，也要分析具体原因，总结经验教训，以新的姿态迎接下一次的面试。

拓展阅读

阅读资料一：

从简历判断求职者的思维特点

——松下电子部品有限公司

对于市面上蜂拥着而显得另类的艺术照和写真照的简历，该公司招聘部门表示他们不倾向也不赞同，他们强调企业用人是根据岗位需求和个人情况来选择的，简历再漂亮也起不到决定性的作用，尤其是应届毕业生更不该如此制作简历。在谈到筛选简历的根据时，招聘主管认为，针对不同岗位的需求，会有不同的考查侧重点。比如，招聘技术型人才时，看应届毕业生的简历会比较注重其专业成绩，在校是否有过相关作品；如果招聘的是管理型人才，除了看所学专业和学习成绩外，还会注重他在校时担任的学生会工作、参加的社会活动等。看社会人员的简历时，除了硬件必须符合招聘岗位需求之外，主要看他的工作经历。

招聘主管认为，简历行文里透露出来的信息其实很重要。对方表述自己的语言、行文方式，简历撰写的层次性、逻辑性、流畅性、重点性，都能流露出作者的思维特征。

阅读资料二：

简历设计巧显个性

——广州恒大集团

广州恒大集团人力资源部副经理说，在相同学历条件下，一定要在简历中体现出自己的优势来。比如说，有的同学把自己“英语四级”、“计算机二级”、获得过什么资格证都标在了简历的第一页上，这样招聘者看简历一目了然，一下子就把这份简历挑出来了。相反的，有的同学用了一两页A4纸写自荐信，用了诸如“吃苦耐劳，工作勤奋”之类的字眼来形容自己，根本体现不出自己的特点，因为这些评价适用于每个求职者。

另一位招聘负责人建议，在自荐信中可将主要特长、经历的段落字句用加黑、加粗的字体显示，便于浏览。

阅读资料三：

在面试中技巧的应用

招聘是人力资源管理的第一步，也是人力资源管理其他环节的重要影响因素，这就要求人力资源管理者不能仅凭应聘者的简历来判断其是否胜任某职位。成功的面试会大大提高招聘的效率和效果。本文通过实例分析，就面试中一些技巧的应用进行探讨。

面试一般分为关系建立阶段、导入阶段、核心阶段、确认阶段、结束阶段等五个阶段。

小A到一家大型集团公司应聘招聘主管一职，下面是主考官和小A的一段对话，并根据对话分析面谈技巧。

一、关系建立阶段

目的是创造自然、轻松、友好的氛围。一般采用简短回答的封闭式问题，约占面试过程的2%。

主考官：你是看到广告还是朋友推荐来的？

小A：我一直敬仰贵公司，这次是从广告上看到而来的。

分析：这是封闭性问题。它要求应聘者用非常简单的语言，对有限可选的几个答案做出选择。封闭性问题主要用来引出后面的探索性问题，以得出更多的信息。

二、导入阶段

这一阶段主要问一些应聘者有所准备、比较熟悉的题目，最好方式是开放性问题。约占面试的8%。

主考官：请你介绍一下你的经历，好吗？

小A：“……”

分析：这是一个开放性问题。它让应聘者在回答中提供较多信息的面试问题，这种题目不是让应聘者简单地回答“是”或“否”，而是要求应聘者用相对较多的语言做出回答。在它的基础上可构建许多行为性问题，而行为性问题能够让我们得到对应聘者进行判断的重要证据。

三、核心阶段

这一阶段主要收集关于应聘者核心胜任能力（岗位胜任特征、素质模型）的信息。

主考官：请问当你与用人部门的主管对某一职位的用人要求有不同意见时，你是怎样处理的？（开放性问题）

小A：我想我会尽量与用人部门的主管沟通，把我的想法和理由告诉他，并且询问他的想法和理由，双方来求同存异，争取达成一致意见。

主考官：那么你能不能举出一个你所遇到的实例？

小 A：好吧。有一次保安部门有一个保安人员的职位空缺，用人部门的经理要求找到的人必须身高在 1 米 8 以上，体重在 80 公斤以上。

分析：这是一个行为性问题。它要求针对过去曾经发生的关键事件提问，根据应聘者的回答，探测应聘者对事件的行为、心理反应（行为样本），从而判断应聘者与关键胜任能力（素质模型）拟合程度。

主考官：为什么？

小 A：因为他认为身材强壮的保安人员对坏人具有威慑力。

分析：这是一个探索性问题。它通常是在主考官希望进一步挖掘某些信息时使用，一般是在其他类型的问题后做继续追问。

主考官：那后来怎么样了呢？（探索性问题）

小 A：我向那个部门经理解释这并不是必要的条件。因为对于保安人员来说，忠于职守、负责任、反应敏捷、良好的自控能力这些才是最重要的，而身高和体重则不必非得提出那么高的要求。

主考官：那么你是怎么做的呢？（探索性问题）

小 A：我对他说，如果你能够拿出一些统计数据表明保安人员的身高和体重确实可以阻止坏人的犯罪企图，那么我就接受这条要求，否则的话，提出这种要求就是没有道理的。

主考官：那接下去情况怎么样了？（探索性问题）

小 A：接下去那位部门经理收回了他的意见，但到现在为止，那个职位还处于空缺的状态。

主考官：那么你和那位部门经理这次意见不一致是否影响了你们之间的关系？（封闭式问题）

小 A：没有

四、确认阶段

主考官进一步对核心阶段所获得的对应聘者关键胜任能力的判断进行确认，约占面试过程的 5%。这一阶段最好用开放性问题。

主考官："刚才我们已经讨论了一个具体的实例，那么现在你能不能谈谈招聘的程序是怎样的？"

小 A："……"

五、结束阶段

结束阶段是主考官检查自己是否遗漏了关于那些关键胜任能力的问题并加以追问的最后机会，约占面试过程的 5%。可以适当采用一些基于关键胜任能力的行为性问题或开放性问题。

主考官："你能再举一些例子证明你在招聘方面的专业技能吗？"（探索性问题）

小 A："……"

一次良好的面试不但要有相当的准备工作，而且在面试过程要充分发挥面试的技巧；一次成功的面试不但是对应聘者的考验，更是对主考官如何选择合适的人到合适的岗位的能力考验。

职业生涯体验

亮出你的名片

结合自己的专业对口岗位，制作一份完整的求职简历。

要求：有求职信、个人简历表、成绩单、荣誉证书复印件及其他证书复印件等资料。

评价标准：格式排版美观；
内容或制作方式有一定的创意；
整份材料清晰简洁。

趣味职场

奔跑吧，职场新人

游戏准备：将班级同学以 10 人划为一个组，设定一个与专业对口的岗位名称（如行政助理等），查找资料，力求真实地描述出相应的岗位职责。

游戏过程：分配角色，5 人担任面试官，5 人担任求职者，每位面试官要准备不少于 5 道面试问题，轮流进行面试。如有条件全程录像。

游戏总结：结束后，从面试官的角度，根据本次面试小游戏中每位求职者的表现，谈谈怎样的求职者比较受欢迎。大家投票选出最佳求职新人。如有录像，可以再回放一下，点评每位求职者的表现。

第三节　就业信息的准备

名言警句

我们必须调整我们的生活形态，使黄金时代藏在未来的老年里，而不藏在过去的青春和天真的时期里。

——林语堂

案例导入

发展如日中天的金山公司一向对应届毕业生情有独钟，其中一个很重要的原因就是职业院校学生是“一张白纸”。公司副总裁高宁宁认为：“金山这种高速发展的企业，对应届毕业生的需求远远超过那些声称自己有很多经验的人。这是因为，在没有经历过一些事情之前，职业院校学生的思维方式和行为方式都是最本质的，企业可以用自己的文化去培养和塑造他，也只有刚毕业的职业院校学生才有这么大的冲劲。目前在IT行业，如果一个工作人员到了30岁左右，仍然能够信手招来，这个人肯定是被其他企业淘汰的。我们也曾从社会上招聘过一些30岁左右的人，但一两年后又再次淘汰了。所以，金山现在基本不从社会上招人。

TOM.COM互联网公司人力资源总监苏英琦介绍说，在门户网站里，TOM是发展比较晚的，作为一个又新又需要快速发展的企业，因为没有太多的时间给予他们培训，所以从公司成立最初到目前，更多使用的是有经验的人员。但是，随着企业走向成熟，我们已经开始考虑在研发、质检等岗位启用职业院校学生。

但是，北大环境专业的双学士方明却不同意“一张白纸”的说法，“其实每个学校出来的人都有不同的风格，周围的环境和文化都会产生潜移默化的影响，所以20多岁的职业院校学生已经不可能是一张白纸了。”

案例点评：一个人要成为一个社会人的话，必须走社会形态这条路，把尚未走向社会的职业院校学生定义成白纸没有丝毫贬义。但是，人的社会性和知识是两个概念，知识是可以通过传授的方式来获得的，很多的社会技能是无法从纸面就得到的，比如说领导能力、沟通能力、社会组织能力、在社会上进行开拓或发展某一项事业的能力，是无法通过书面传授解决的，一定要通过实践去解决。

必备知识

就业信息是通向就业的桥梁。随着毕业生就业工作的进一步市场化，用人单位择人与毕业生择业的自主权已得到进一步的强化。当然对用人单位和毕业生来说，在其各自自主权得以加强的同时，他们也要领略等量的危机感。对毕业生而言，他们如果不占有准确可靠的就业需求信息，他们就无法稳妥把握自主择业的主动权，实现职业理想就会变成一句空话。

一、就业信息及其主要内容

（一）就业信息概念

就业信息主要是指通过各种媒介传递的有关就业方面的消息和情况，如就业政策、就业中介机构、社会需求、毕业生资源、用人单位的相关信息等。

（二）就业信息的主要内容

1. 毕业生就业政策

毕业生就业政策是国家和地方各级政府及有关部门在不同时期，为了国家或地方的经济建设和社会发展而制定的有关大中专毕业生就业的行为准则。

党中央、国务院高度重视高校毕业生就业工作，对于大学生就业出台了很多利好、优惠的政策、方针。

（1）大学毕业生就业准入政策。大学生就业准入政策是指大学生就业获准进入某些地区、专业、职业等的相关政策。

——地区准入政策。每个地方都会有进入本地方的用人指标，相应的会出台一些具体的进人政策，特别是大城市每年都会出台接收普通高等学校非当地生源毕业生有关问题的通知和政策。

——职业方面的就业准入。职业方面的就业准入是指根据《中华人民共和国劳动法》和《中华人民共和国职业教育法》的有关规定，对从事技术复杂、通用性广、涉及国家财产、人民生命安全和消费者利益的职业（工种）的劳动者，必须经过培训，并取得职业资格证书后，方可就业上岗。实行就业准入的职业范围由劳动和社会保障部确定并向社会发布。如：报关、司法、秘书、会计、计算机、健康按摩、设计师、汽车维修、心理咨询、企业信息管理、电子商务、营销、公关、美容、烹饪、电工、钳工等都有就业准入规定。

（2）招考录用毕业生政策。招考制度录用政策主要指在选拔毕业生过程中的一系列关于招考上的规定，是国家在大学毕业生录用上所制定的一系列限制性原则和措施。如国家公务员招考的相关制度和企事业单位录用大学生程序上的一系列规范。

（3）毕业生权利维护政策。毕业生权利维护政策是指毕业生在就业过程中对就业者本人和就业单位权利维护的一系列原则、规范。对于就业者本人，主要是维护其平等的就业权，对于用人单位主要是保护用人单位的一系列利益，权利维护政策有利于就业过程的规范化和秩序化。权利维护政策主要是对毕业生的保护政策。毕业生在就业过程中享有多方面的权益，根据目前就业的有关规定，毕业生主要有获取信息权、接受就业指导权、被推荐权、选择单位权、公平待遇权、违约及求偿权等。

（4）政府宏观调控政策。政府宏观调控政策最主要是指政府为了促进我国地域人才结构的平衡而出台的一系列关于大学生到基层、到中小城市、到农村、到西部等地区去就业的鼓励性措施。比如：中共中央办公厅、国务院办公厅《关于引导和鼓励高校毕业生面向基层就业的意见》（中办发〔2005〕18 号）；团中央、教育部、财政部和原人事部 2002 年《关于实施大学生志愿服务西部计划的通知》；广东省团省委、省教育厅、省财政厅、原省人事厅 2003 年《关于实施广东省大学生志愿服务山区计划的通知》；《关于组织开展高校毕业生到农村基层从事支教、支农、支医和扶贫工作的通知》（国人部〔2006〕16 号）；《国务院关于进一步做好普通高等学校毕业生就业工作的通知》（国发〔2011〕16 号）等政策都属于政府宏观调控政策。

（5）大学生社会保障政策。大学生就业形势严峻，国家除了一系列促进就业的政策外，还出台了一些有关的社会保障政策，以解除在就业上困难群体的大学生的后顾之忧，更好的支持和服务大学毕业生就业。劳动保障部门关于大学生社会保障的相关政策主要有以下的内容：

——将高校毕业生就业工作纳入当地就业工作整体规划，在宏观调控和增加就业岗位等方面进行统筹安排；

——积极组织实施“毕业生职业资格培训工程”和多种形式的创业培训，为毕业生自主就业创造条件；

——发挥公共职业介绍机构的作用，加强职业指导和就业信息服务，为高校毕业生择业提供更多帮助；

——加强失业登记和组织管理，对未就业和生活困难的高校毕业生，在失业、求职期间给予生活和就业方面的帮助；加强劳动力市场的管理，为高校毕业生就业创造良好的环境。

（6）就业指导服务政策。就业指导有狭义和广义之分。狭义的就业指导是给求职择业的劳动者传递就业信息，帮助其求职和择业，为其与职业的结合牵线搭桥。广义的就业指导就是为劳动者选择职业、准备就业以及在职业中求发展、求进步等提供知识、经验和技能。它包括预测就业市场，汇集、传递就业信息，培养劳动技能，组织劳动力市场，以及推荐介绍和组织招聘等与就业有关的综合性社会咨询服务活动。在我国，就业指导还应包括就业政策导向和与之相适应的思想工作，就业指导的目的是使无业者有业，有业者敬业，敬业者乐业，乐业者创业。

在《普通高等学校毕业生就业工作暂行规定》中明文规定高等学校的主要职责：开展毕业教育和就业指导工作，在第四章中提出了具体的要求。目前有的省市还出台了相关政策，对高校的就业指导服务课程、服务场地、服务经费上都提出了具体要求，使大学生就业指导有了行政资源上的充分保障。

（7）与大学生就业相关的其他政策。还有一些以上没有涉及的，但与大学生就业相关的政策，一般都是一些特殊问题的处理原则。例如：人事代理制度，特殊毕业生就业政策，大学生入伍的有关规定等，它们和前面的政策一起构成了完整的中国大学生就业政策。

2. 人才市场供求变化的信息

生活在信息时代的大学生，一定要具备良好的信息素养，这种素养包括信息意识，对信息的敏感度，还有发现、评价、利用和交流信息的能力。尤其在求职、择业的过程中，谁掌握了全面而准确的信息，谁就能做到视野开阔、行动果断、有的放矢，同时也就拥有了在激烈的竞争中立于不败之地的优势和主动权，而如果信息缺乏或信息错误，那么他就有可能陷入被动的境地，坐失良机，甚至遭遇难以挽回的损失。了解就业信息的内容、特性和作用，对于当代大学生而言，有着十分重要的意义。

3. 目标公司信息

对于自己有兴趣的目标公司，要迅速了解目标公司的招聘信息，包括招聘职位、入职要求、职位待遇等，同时还要了解目标公司的情况，主要包括：

——公司的产品、服务范围及客户关系如何？竞争对手及其业务情况如何？本行业能获得成功的最主要因素是什么？

——公司在现阶段的经营方针、经营目标是什么？市场运作重点在哪里？

——企业声誉形象是否好？管理是否科学先进？员工满意度如何？财务状况如何？

——公司的组织结构及其与业务运行的互相关系是怎样的？制度是否健全？

——公司的薪金制度、员工福利保障如何？员工是否满意？

——公司的历史与发展情况是怎样的？公司未来发展前景如何？

——公司的性质与企业文化（包括口号和形象）是什么？

——公司在本行业的地位、机构规模、发展潜力、竞争能力？

二、就业信息的搜集途径

（一）校内主管部门

无论从哪个角度来看，学校都应是搜集就业信息的主渠道。因为就目前的就业机制看，学校是职业院校学生就业工作所涉及的有关对象的核心环节，它们既与毕业生就业所涉及的各级主管部门之间保持着密切联系，同时也是用人单位选录毕业生所依赖的一个主要窗口。这一特定的位置，使学校对就业信息的占有量大于任何一个部门，同时其所掌握信息的准确性、权威性也没有任何一个部门可以相提并论。就政策而言，全国的、行业的、地方的，收集的都是比较完整和最新的；就需求信息而言，学校接触到的所有信息都是用人单位针对学校的专业设置而来的，专业对口程度最高，同时学校所接触的各部门、各单位也都是毕业生就业工作所涉及的就业机构，其可信度好。所以说学校是毕业生就业所依靠的主要对象。

（二）劳动人事部门和人才中介服务机构

劳动人事部门常年向用人单位输送人才，对单位的情况比较了解，对人才需求情况比较清楚，它们所提供的需求信息比较准确可靠，有较强的指导性；人才中介服务机构是劳动力市场的重要载体，其所掌握的人才需求信息量非常大，而且这些机构也经常定期不定期地举办一些人才招聘活动。

（三）各种类型的毕业生就业供需洽谈会

为做好每年的毕业生就业工作，各地方、各行业以及各高校都要举办规模大小不等的毕业生就业“供需洽谈会”。这些“供需洽谈会”针对性很强，所容纳毕业生需求信息量也非常大，毕业生应珍惜并抓住这些机遇。这些“供需洽谈会”除了信息量大外，还可使毕业生和用人单位直接见面洽谈，相互了解情况，有不少毕业生就是通过这一途径确定工作单位的。

（四）实习单位

实习单位一般都是对口单位。通过实习，你对单位的了解或单位对你的了解都会比别的需求信息更有质的含量。如果说实习单位有意进人，很可能你就是其要考虑的第一对象。通过实习单位落实就业的毕业生每年都有不少。

（五）打电话、写求职信或登门拜访

这要求毕业生有一种“毛遂自荐”的意识，并且对自己单方面拟定的意向单位要有大概的了解和预测，这种形式主动性强，但盲目性较大，在缺乏就业信息的情况下，也不失为一种获取就业信息的方法。

（六）网上招聘信息

目前，不少地方人才交流机构正是采用这一手段为人才配置牵线搭桥，而且这一现代化的信息传递手段也已为各高校和用人单位普遍采用。各高校目前普遍采用校园网为本校的毕业生发布需求信息，用人单位也注意通过各种网络发布招聘人才的信息，甚至不少主管部门也通过网络发布有关的招聘通知和文件。另外，人才网站也有很多，大学毕业生应充分注意这一信息传播途径，这是毕业生获取求职信息的一个途径，但也要对

其上的信息保持必要的警觉，以免上当受骗。

（七）其他各种“门路”

“门路”不能简单归之于“走后门”而一味加以排除。这里“门路”实际是指途径、渠道。“门路”以“三缘”为基础。作为社会人，在走入社会生活之前与社会的联系不外这样三种“缘分”，即“血缘”、“地缘”、“学缘”，完全没有“门路”的人是不存在的。埋怨没有“门路”的人并不是真的就一点门路都没有，而是他没有动脑筋去寻找“门路”。以“血缘”而论，每个人都有父母及亲人，而且父母及亲人也都有自己的朋友和熟人，以此延展下去，就会变成一个“门路”网络。以“地缘”而论，故乡的友人、朋友、同学以及他们的朋友、同学等都属此类。以“学缘”而论，一个人从幼儿园、小学、初中、高中直至大学，都有许多同伴、同学、学长和师长，而他们也各自都有许多亲友、同学等。通过这些“门路”，你所获取的信息量就会激增。在这里需要提示的是，在“门路”中，毕业生要特别注意师长和校友这一“门路”，尤其是本专业的教师，他们比一般人更了解本专业毕业生适合就业的方向和范围，在与外单位的科研协作或兼职教学中，对一些对口单位的人才需求信息了解得比较详细；而校友则大多在对口单位工作，通过他们提供的信息往往也比较具体、准确，成功率较高。

三、就业信息的筛选

（一）筛选就业信息的原则

毕业生对于收集到的需求信息，应结合自己的实际情况，加以筛选处理，去粗取精，去伪存真，有目的、有针对性地进行排列、整理和分析，只有这样才能使需求信息具有准确性、科学性和有效性，使之更好地为自己求职服务。

1. 善于对比

通过多种途径获得的需求信息可能会显得杂乱无序，这就需要毕业生给予科学的排序。在这里首先需要注意的是识辨真伪，去伪存真。将过时的信息、虚假的信息剔除出去；其次是将与自己的专业及兴趣有关的信息提取出来，将与专业兴趣无关或关系不大的排在一边。

2. 掌握重点

毕业生筛选信息的同时，要对与自己有关的信息按重要程度排队，标明并注意留存，一般的信息则仅供参考。主次不分，可能使你在求职过程中走过多的弯路，耗费过多的精力。有时因为自己将时间花在一般信息上，结果可能使自己错过机遇，因为信息并不为个人所独有，谁都知道，信息具有明显的时效性，谁赢得时间，谁就可能抢占主动权和先机，奠定成功的基础。

3. 了解透彻

对于重要信息，毕业生要注意寻根究底，争取对首选目标单位的历史、现状和未来有一个清醒的认识，有些情况还要通过合适的方式或从侧面进行了解，如待遇、发展可能等。详细掌握这些材料，毕业生就能在随后进行的面试中处于主动，让主考官在面试时拿你当“自己人”，在情感上首先予以接纳。

4. 适合自己

这一点应是筛选信息的核心所在。信息对自己是否重要，其依据就是是否适合自己，好高骛远、人云亦云、迷失自我，都是筛选信息的大忌，因为用人单位绝不会轻易认同毕业生求职过程中表现出的这种畸形的“忘我”精神。不顾自己的专长，以待遇、地点作为首选原则的毕业生，即使侥幸在求职中取得“成功”，在未来的发展中也会逐渐暴露出自己的弱势，发展后劲也是不足的。因此我们应该赞成这样一个观念：“适合自己的就是最好的。”

5. 及时输出对他人有用的信息

有些信息对自己不一定有用，可是对他人却可能十分有用。遇到这种情况，千万不要抓住这些信息不放。能主动输出对他人有用的信息，不仅对他人是个帮助，同时也增加了与他人交流信息的机会，说不定自己也会从别人手中获得对自己十分有益的信息。

（二）筛选就业信息的技巧

毕业生经过一番努力，得到了多个用人单位的信息后，这时就应当对信息进行整理和分析。

首先，要对这些单位打算录用你表示感谢，但不是急于明确回答。你必须对用人单位的情况做出比较全面的了解，弄清这个单位的性质是国有企业、私营企业、三资企业还是事业单位等；是大型、中型企业，还是小型企业；是在初创阶段、发展阶段、鼎盛阶段，还是衰退阶段；其内部的组织管理制度、作息制度、办公地点、工作环境、待遇福利与交通等如何。

其次，对个人的基本情况，如专业学习的成绩与实际水平，职业性向（即适合干什么），家庭与工作的关系（是否离家很远、家人是否要你照顾），是为积累经验还是想长期干下去，工作岗位与所学专业是否对口，喜欢专一求精还是一专多能，对辞职和失业的认识及感受等方面，做出正确的自我评价。

最后，经过利弊权衡，基本做到了知己知彼，毕业生可以做出自己的选择。但是，最好要征求家长、老师、朋友的意见，这样会使你的选择更稳妥。

总之，筛选信息的过程也是对自己未来设计的过程，要通过分析、比较、优选才能确定下来。对于你深思熟虑选定的单位要立即给予答复，而对你没选的单位在规定答复的最后期限内给予答复，但要把你的理由说清楚，这些理由不要有伤害用人单位的字眼，一方面是出于礼貌，另一方面也是为自己留下一些回旋余地。

拓展阅读

毕业生求职慎防十大骗局

现在又到了一年一度应届高校毕业生的求职高峰，由于缺乏社会经验，职业院校学生在求职过程中总会遇到这样或那样的陷阱。提醒毕业生，求职需擦亮眼睛，谨慎提防如下十大“骗局”。

第一，高职骗局。某服装公司给某学校发来招聘通知，招聘营销助理若干名。于是不少毕业生前去报名，结果就是招业务员，工作是销售服装。还有一些单位在招聘时按照职位招聘，但毕业生报到后却安排到其他岗位，有时甚至安排干一些劳动强度极大的体力活。专家指出，对于诸如此类“挂羊头卖狗肉”的招聘伎俩，毕业生一定要警惕，清楚自身实力，从基础做起，逐渐展现自己的才华，不要轻信高职诱惑。

第二，招聘会骗局。此类招聘会不是参加的单位数量严重缩水，就是招聘单位“出工不出力”，甚至有的单位收了简历之后便从此消失。因此毕业生在参加招聘会时一定要注意，参加由政府相关部门组织的面向高校毕业生的专场招聘，此类招聘会往往是免费的。

第三，中介骗局。这类中介往往是当求职者交纳数目不菲的中介费后，他们就会列出一堆要么不要人、要么不招职业院校学生的单位名单，甚至有的单位根本不存在。专家提醒，学生在找中介求职时一定要弄清该中介是否合法。

第四，培训费骗局。以录取作为诱饵骗取培训费已是屡见不鲜了，但仍有毕业生求职心切，掉入此类陷阱。有的毕业生为争取能留在公司工作，起早贪黑地干了近一个月，结果却被告知：你干得不错，但专业知识不足，公司需要对你进行培训，请先交300元培训费。当毕业生对此进行质疑时，公司却说，不交培训费可以走人，但此前工作一个月的薪水免谈。为此，专家提醒，一般正规公司会向求职毕业生说明试用期，即使求职毕业生在试用期没有通过，也会得到相应报酬。至于培训费，一般由公司担负。

第五，电话骗局。一般而言，毕业生在收到用人单位的回应后，会主动进行联系。有些人正是利用毕业生的这一心理，假借联系工作传呼或发送短信给毕业生，让毕业生给一些收费很高的信息台回电话，以骗取高额电话费。

第六，试用骗局。毕业生上岗后一般都会有3个月到6个月的试用期。有些单位利用这一条款，要么在这一期间少付工资，要么到期后蓄意辞退。

第七，合同骗局。毕业生在签订合同时一定要仔细阅读各项条款，必要时咨询学校和老师的意见。

第八，承诺骗局。有些单位为了招聘到优秀人才，有时会口头许诺一些工资、住房等方面的优厚待遇。当毕业生到岗后发现这些待遇根本不能兑现而找单位领导理论时，得到的答复往往是“谁承诺你找谁去，公司没有这样的规定”。因此毕业生一定要注意：口说无凭，合同为据，关键还是签好合同。

第九，地点骗局。很多大企业在全国许多地方有分部，而参加招聘会的往往是总部的人力资源部门。因此，毕业生在应聘时容易产生错觉，以为工作地点就在总部所在的大城市，结果上岗后被分到偏远地区。对此，毕业生在面谈时必须咨询清楚，必要时在合同上写明相关条款。

第十，皮包公司骗局。某毕业生没有向某公司投送过简历，却被通知去面试，为安全起见，他决定上网先查一下。让人惊讶的是，当他用GOOGLE搜索后发现，该公司居然用同一个电话、地址注册了4个公司，涉及医药、保险、建材等不同领域。后经向工商部门了解得知，该公司已不存在。在此，专家提醒求职的毕业生们，如果接到一些自己并不熟知或者并未投放简历的公司的面试通知，应该事先向有关部门查询、核实该公司的真实情况，并上网搜索一下该公司的网站，确定其规模与用人需求，然后再去进行面试。

（资料来源：博易）

职业生涯体验

求职准备——镜中人

一、活动目的

培养对他人的敏感性，学会沟通并能获得他人认可。

二、活动步骤

1. 团队成员两人一组。

2. 一人自由做动作，另一个人模仿，互相轮流模仿两分钟后互换角色，不可说话，用心体会对方用意。

3. 结束后互相交流，看看自己对他人的理解是否准确。

4. 然后，仍然两人一组，一人说话，一人照原话重复叙述，两分钟后互换角色。

5. 结束后，两人交流思想，全身心投入地观察理解他人。

6. 分享这种感受，并讨论今后求职面试中如何应用这种感受。

趣味职场

职业探索棋盘游戏

一、活动目标

1. 知道一个好的职业选择，应符合三项标准：

a. 你擅长它；

b. 你喜欢它；

c. 你的收入足够满足你的生活方式。

2. 了解各种职业的收入潜力和就业前景。

3. 增强关于天赋、工作偏好的自我认知。

4. 探索一系列与自身天赋和兴趣相匹配的职业。

5. 得到一个与参与者密切相关的职位列表。

二、活动准备

1. 了解霍华德加德纳的多元智能理论。

2. 100 张职业卡片，分为 12 个主要的职业领域。卡片描述了要在该职业上取得成功所需要的天赋，以及该职位的工作偏好。

三、活动安排

1. 指导教师会先介绍相关的个人天赋理论知识，参与者填写“天赋与兴趣”卡片，从 6 个天赋中选择 2 个与自身最匹配的天赋。参与者还需要选择工作偏好，如单独工作或是与他人一起工作。

2. 参与者在棋盘上前进或后退，收集与自己的“天赋与兴趣”卡最相似的职业卡。为了增强游戏的趣味性，参与者可以相互买卖职业卡。参与者赚到的游戏币的多少取决于参与者自己的“天赋与兴趣”卡与游戏中收集的职业卡的匹配程度。

3. 赛后讨论，指导教师和参与者共同回顾他们收集到的职业卡，分析他们收集到的各个职业之间的共同点，及其对进一步学习和自身职业的影响，对职业选择的启示等。此外职业卡上也有就业数量、就业增长、平均工资等信息供参与者进一步研究。

第四节　求职的心理准备

名言警句

天将降大任于斯人也，必先苦其心志，劳其筋骨，饿其体肤，空乏其身，行拂乱其所为，所以动心忍性，曾益其所不能。

——孟　轲

案例导入

2014 年 12 月 22 日，湖北枝江一大学生毕业后找工作受挫，加上其家庭遭变故，心情郁闷的他连续两次欲轻生，幸好当地民警两次将其救下，并彻夜陪伴解开其心结。

22 日凌晨 1 时许，枝江马家店派出所接到群众报警，称当地滨江公园观景平台旁有人打架。接警后，民警迅速赶到现场，但现场却空无一人，拨打报警人电话也无人接听。于是，民警一边沿江边搜索，一边呼喊“是否有人报警”。

当搜索到江边一取水点时，民警听到一妇女喊“救命，有人跳江”。民警顺着声音跑去，发现一男子趴在江边护栏上，正准备往长江里跳，呼救妇女紧紧抓住男子双手不放。民警随即跳下 2 米多高的陡坎，冲上前合力将男子拉了起来。

经询问，轻生男子叫小华（化名），呼救妇女是其母亲。小华今年刚大学毕业，其父亲不久前去世，他也一直未找到工作，精神压力过大的他开始有了轻生念头。21 日深夜，小华独自出门走到江边，有所警觉的母亲当即尾随阻拦，两人在拉扯时路过行人报警。

随后，民警将小华护送回家，安置其休息。正当民警向小华母亲了解情况时，小华突然拿出一把水果刀向自己捅去，民警见状立刻飞扑上去，将水果刀夺下。

再次将小华救下后，民警决定陪伴小华为其解开心结。于是，民警用各种事例开导鼓励小华，做细致的思想工作，逐步打消其轻生念头。在交流中，民警了解到小华最信赖伯父，又电话联系其伯父赶来一起进行劝导。

22 日清晨，在民警和亲人的彻夜劝导下，小华表示将完全放弃轻生念头，调整心态勇敢面对生活。

案例点评：不少大学生在求职的过程中屡屡吃闭门羹，自信心大受打击，严重者还会产生一些心理问题。

在激烈的择业竞争中，这些心理障碍是走向成功的大敌。它们不但会成为择业的绊脚石，还会干扰大学生正常的生活等。心理专家认为，大学生择业的过程，是一个复杂的心理变化过程。面对严峻的就业形势，面对众多的竞争对手，要想获得择业的成功，没有充分的心理准备，没有良好的竞技状态是不行的。只有了解这些大学生求职时常见的问题和心理活动，并且跨越这些障碍，我们才能更好地成功求职。

必备知识

面对就业，职业院校学生的心理是复杂而多变的。一方面为自己即将走向社会，将自己所学的知识和本领奉献给社会，实现自己的人生价值而感到由衷的高兴；另一方面也常常表现出矛盾的心理。所以，调整好就业心态，做好充分的心理准备，积极参与竞争，勇敢地迎接挑战，在就业过程中是非常重要的。

一、求职的心理准备

（一）竞争的心理准备

竞争是市场的本质，也是推动社会进步、人类进步的内在动力。人们往往是在竞争的过程中获得自我成就感，也在竞争中获得了自己的位置。从某种意义上说，人生本来就是一场竞争。对竞争盼望已久的职业院校学生，应摒弃侥幸和幻想，面对机遇，正视现实，扬起理想的风帆，在竞争的激流中奋力拼搏，努力驶向成功的彼岸。

首先，要有竞争意识。职业院校学生要适应就业制度的改革就要有竞争意识。要充分认识到改革给社会带来的最大变化，就是增强了国人的竞争意识。作为具有高层次文化的职业院校学生，更应该有年轻人的朝气和锐气，要敢想、敢说、敢干，有敢为天下先的精神，不能唯唯诺诺、胆小怕事。

其次，要从实际出发，充分考虑到自己的专业、性格、气质、爱好等，扬长避短，发挥特长，使自己在竞争中立于不败之地。

第三，竞争者要靠真才实学，而不能靠纸上谈兵、夸夸其谈，不能互相拆台或互相嫉妒。竞争应互相学习、互相勉励，在共同进步中进行。

（二）合作与宽容的心理准备

社会需要合作，社会是在人们之间的合作中发展的。但是，合作必须是在宽容的基础上进行，没有宽容就没有合作。在找工作过程中，难免几个同学竞争同一个工作岗位，最后也只会录用其中一个人，虽然这样，在同学们之间也要表现出协作与团结，使大家的整体实力提高，这样才能使录用自己（或同学）的可能性增大，而不使机会流失给他人。宽容对待他人，某个岗位录用了自己的同学说明他更适合这个岗位，应当为同学感到高兴，同时自己汲取成功应聘的经验，把握下次机会。

（三）不怕挫折的心理准备

挫折是指个人在从事有目的的活动中，遇到的干扰和障碍，致使动机不能实现时的情绪状态。人的生活道路不是一帆风顺的，前进中既有阳光大道，也有羊肠小道，遇到挫折是正常的，能否正确对待挫折，能否忍受挫折，是人心理健康与否的一个重要标志。找工作过程中的不顺利或者同学先被聘用是正常的，不要因此而垂头丧气，要勇敢地面对其他机会。遇到挫折，要按照以下几个步骤进行调整：

首先，要认真分析原因，是主观努力不够还是客观要求太高？是客观条件苛刻还是主观条件不具备？认真分析，才能心中有数，以便更好地调节心理。职业院校毕业生在求职择业中，不可能一帆风顺、一路绿灯，会遭遇各种各样的挫折，如被用人单位拒绝，此时毕业生不能沉湎于悲观情绪中，而应对这次失败进行分析总结，并考虑如何采取相应对策，使接下来的应聘求职“柳暗花明”，获得成功。

其次，坦然面对暂时失利。初次求职出师不利，遭到用人单位的拒绝，对求职者来说，无疑是一件不愉快的事，但作为一个思想上成熟的职业院校学生，也应将它看作是一件正常的事，在精神上对此必须有所准备。如今的就业，是一种双向选择，一厢情愿是不现实的。所以，职业院校学生对初次求职失利，应抱着一颗平常心，坦然面对现实。

然后，锲而不舍，知难而上。初次求职就吃了闭门羹、受到冷遇，这无疑是对职业院校学生求职择业的一大考验。俗话说：宁可一点挖井，不可随处挖坑。如果你确实看中某个单位，不妨千方百计地去做一番努力，而不要轻易放弃。某一年春季，在某大学的一次毕业生“双选”会上，一位各方面素质不错的职业院校女学生杜某，曾被某著名大油田拒绝，但杜某不气馁、不怨情，只是说声谢谢，就礼貌地离开了招聘会，又排到了此单位招聘队伍的末尾，继续参加应聘。第二次她又遭到拒绝，可她仍不甘心，又一次礼貌地离开了招聘会，排到了应聘队伍的后面。她在这家单位排了7次队，一连碰了7次“红灯”，当她第八次出现在该油田的招聘台前时，已对她有所了解的招聘负责人被她的执着感动了，不等她开口就爽快地说：“我看这位同学基本素质不错，而且对我们企业情有独钟，我们就签约吧。”功夫不负有心人，该生的付出终于有了回报。

最后，当机立断，转移目标。古人云：识时务者为俊杰。当初次求职遭遇“红灯”时，如供求双方的条件距离相差太大，作为求职者要有自知之明，当机立断，毅然放弃。因为距离太大，即使你很努力，也无法拉近、缩小二者间落差，倒不如考虑更换一个适合的求职应聘的目标。应该坚信：“天生我才必有用”，“是金子总会发光的”。经过自己的积极争取和热心推销，一定能够找到一个称心如意的工作。同时，毕业生也可以以退为进、屈尊低就。当你因为求职条件太高，碰了钉子后，降低自己求职标准无疑是明智的选择。有这样一个发人深醒的故事：一位留美的计算机博士，毕业后在美国找工作，几家公司都没有录用他。后来，他干脆收起学历证明，以一种“最低身份”去求职，不久被一家程序公司录用为程序输入员，但他不嫌弃，工作干得有板有眼。后来，老板发现他程序设计的能力较强，这时他拿出学士证书，老板给他换了个大学毕业生相当的工作。过了一段时间，老板发现他时常能提出许多独到的有价值的建议，此时，他又拿出了硕士证书，老板又提升了他。再过一段时间，老板觉得他的业务非同一般，遂“刨根问底”，对他进行“质询”，此时他又拿出博士证书。老板对他的能力已有了全面的认识，毫不犹豫地重用他。因此，作为求职初遇“红灯”的高校毕业生，在求职应聘时，采取以退为进、从基层做起的策略，不失为明智之举。

（四）长远发展的心理准备

长远发展的心理表现为对社会形势的理性认识。职业院校毕业生求职择业要有未来意识，把握未来职业的发展方向。毕业生也许找到的工作达不到自己的期望值，要清楚工作和事业是一个长期的过程，不可能在极短的时间内一蹴而就，任何一个成功人士都是经过长期的奋斗实现的。

二、常见的心理困惑

（一）焦虑与紧张

所谓焦虑，是指人们在面对将要发生的、与己密切相关的不利情境时产生的一种紧张、不安、焦急、忧虑、抑郁、恐惧等感受相互交织的复杂的情绪状态。

职业院校学生就业焦虑，是指职业院校学生在严峻的就业形势和巨大的就业压力下产生的紧张、不安、焦急、忧虑、抑郁、恐惧等感受相互交织的一种复杂的情绪体验。

适度的焦虑是促进人格整合和社会化的内在动力，是安于现状和不思进取的对抗剂。只有持续而严重的焦虑，才会导致机体免疫机能下降、内分泌调节紊乱，从而损害健康。同样的，职业院校学生适度的就业焦虑也具有积极意义，它可以促使职业院校学生警醒，催发其忧患意识，从而为就业和自身发展做出积极努力。但不少学生长期陷入难以自拔的焦虑情绪中，这一严重的负面情绪对他们的身心、学习、生活和就业等都产生了不良的影响。

情绪心理学认为，焦虑是个体在预期面临原因不明的危险处境时产生的一种紧张或局促不安的复杂情绪。焦虑是由心理冲突和挫折所引起的不良的情绪反应。贫困生思想和经济上的负担都较重，当面临学业、人际关系、就业等的失败时很容易产生强烈的挫折感，导致行为、动机和认知出现严重的焦虑情绪。

就业时，许多职业院校学生是既希望谋求到理想的职业，又担心被用人单位拒之门外，还担心自己在择业上的失误会造成终身遗憾，并对未来的职业生活感到心中无底。

毕业分配制度改革使职业院校学生求职择业呈现多元化的趋势，拓宽了职业院校学生职业选择面。而对职业选择自由度越大，职业选择行为的责任越重，择业心理压力便越重。有的同学面对用人单位严格的录用程序（如笔试、口试、面试、心理测试）而感到胆战心惊；有的因性别、学历层次等而不敢大胆求职；有的因自己学习成绩不佳烦恼；有的因自己能力低而紧张。毕业前夕，过度焦虑，如不能在一定时间内化解，则会严重影响学生主观能动性的发挥，给求职带来不必要的困难，甚至造成择业失败。

（二）自信心不足

缺乏自信心的表现是自卑。职业院校学生自卑心理的主要表现有：在竞争活动中退缩，甚至明明能成功也放弃机会；不承认自己的不足并竭力掩饰，为此常常夸张自己的作为；有时表现出较强的虚荣心，往往对别人的评价很敏感；在课堂或其他教学活动中害怕引人注目，不提问、不发言；担心与同学交往时产生不自然的感情，对同学关系加以回避。

在择业问题上，自卑感强的人表现为对自己的潜能优势缺乏了解、缺乏自信心，这是职业院校学生很容易产生的消极心理。部分职业院校学生过低地估价自己，总是自惭形秽，自己看不起自己。在择业过程中自己拿不定主意、犹豫、退缩、信心不足，对自己能胜任的工作不敢说“我能行”，而总是“试试看”，当遇到几次求职挫折后，更是萎靡不振，自我封闭。有的同学大学顺利地走过来了，也具备了一定的实力和优势，面对激烈的竞争，却觉得自己这也不行，那也不如别人，自卑心理使得自己缺乏竞争勇气、缺乏自信心，走进就业应聘场就心里发怵，参加招聘面试，心里忐忑不安。一旦中途受到挫折，更缺乏心理上的承受能力，总觉得自己确实不行，技不如人，所以甘拜下风，不敢对自己“明码标价”，找个买家草草“卖出”，对于一些单位开出的不平等协议也闭着眼睛就签字，给日后工作带来严重隐患。在激烈的择业竞争中，这种心理障碍是走向成功的大敌，必须认真加以克服。

（三）不合理预期

象牙塔中的天之骄子在历经十余载寒窗苦读之后，渴望在社会中找到一个适合自己发挥才能的位置，但自己究竟能够做什么心里却不清楚。部分职业院校学生过高估计自己的知识和能力水平，对一般用人单位不屑一顾；还有一些职业院校学生过低估计自己的水平，对自己缺乏自信，优柔寡断，不能向用人单位充分展示自我，从而坐失良机。过高或过低评价自己，在就业的过程中，都容易引起职业院校学生职业定位的偏差，出现好高骛远或者悲观失望的情况，严重影响了就业的选择。

职业院校学生求职择业时盲目攀高，即对主客观条件的估量不够准确，不能正确评价自己的素质和条件，有些同学在择业时过分看重实惠，一心追求大城市、高报酬、条件好的用人单位，甚至为了暂时的功利宁可放弃所学的专业。这种心理可能会使得你得到一些眼前的利益和满足，但从长远发展看并非明智的选择。由于没有正确地认识自己、自我评价过高，认为自己是德才兼备，所以求职中不肯“屈就”，对稍有不对胃口的用人单位就抱着拒绝的态度，结果是机会错过，难以择业而就；或者是毕业生没有调整好自己的择业心态，只是想找待遇或工作条件最好的单位，而不顾自己的专业或自己的某些能力是否适合这一行业。

大学毕业生大多血气方刚，喜欢争强好胜，虚荣心较强，对前途怀有较高心理期望值，在就业选择上容易形成盲从攀比心理。有些毕业生虽然接受了高等教育，但在很多事情上还缺乏应有的客观、独立分析问题、解决问题的能力。这种盲从攀比心理表现在求职择业时不按自身具体条件独自思考、分析，盲目效仿。部分毕业生因缺乏正确的自我认识和对社会的认识，无法适应新形势下就业市场和就业政策的挑战，始终处在被动和盲从的地位，稍遇挫折便畏缩不前，甚至心灰意冷，听天由命，自暴自弃。

（四）人际关系障碍

一位心理学家曾指出：人类的心理适应，最主要的就是对人际关系的适应。人际关系的失调，会导致病态心理。职业院校学生交往心理障碍是指影响职业院校学生人际交往正常进行的不良心理因素。有些职业院校学生在人际交往中并不是没有遵守交往规范，也不是不懂人际交往技巧，而是不敢交往、不愿交往、不能交往，这就属于交往心理障碍。目前职业院校学生中存在着不同程度交往心理障碍的人数较多，所占比例较大，严重影响了职业院校学生正常的人际交往，影响了职业院校学生的学习和生活。那么，造成职业院校学生交往障碍的原因是什么呢？就心理方面而言，交往障碍分别是由认知、情感、人格等因素引起的。

职业院校学生的自我意识迅速增强，但其社会经历的有限性、心理上的不成熟使其不能全面了解一个人的整体面貌，对人的认知往往带有理想化色彩和片面性。

另外职业院校学生还存在嫉妒心理，求职过程中尤为突出，称为择业嫉妒。就是在求职过程中对他人的成就、特长或优越的地位等持既羡慕又敌视的情绪。嫉妒心理产生的原因是多方面的。嫉妒心是市场经济竞争中的一种不正当的以极端个人主义为核心的有害心理。这种心理的主要特征是把别人的优势视为对自己的威胁，因而感到心理不平衡，甚至恐惧和愤怒，于是借助贬低、诽谤以至报复的手段来求得心理的补偿或摆脱恐惧和愤怒的困扰。在求职问题上嫉妒心理表现如看到别人某些方面求职条件好，或找到比较理想的工作时，产生羡慕，转而痛苦，又不甘心的心态。甚至为不让他人超越自己，而采取背后拆台等不良手段。他人成功了则说风凉话、讽刺挖苦、造谣中伤以发泄自己的恼怒。在择业中嫉妒心会使人把朋友当对头，使朋友关系恶化，人际关系紧张，当然也影响求职的顺利进行。

有些职业院校学生因自我意识发展不健全，或性格内向或有某种生理缺陷，容易产生孤僻心理，这都会影响到今后工作中的人际交往。人际交往是人与人之间的关系互动。有孤僻心理的人由于不相信别人会理解他们，缺乏与人交往的热情，不愿意向别人敞开交往的大门。俗话说，礼尚往来，来而不往非礼也。因此，人们大多不愿与孤僻的人交往。具有孤僻心理的职业院校学生往往不合群，独来独往。在公开场合或人多的地方，他们常常躲在一边，不愿主动参与群体活动。

也正是由于人际交往的匮乏，职业院校学生往往会有羞怯心理。人际交往中的羞怯心理，一般多见于两方面的表现，一是害羞，二是胆怯。具有羞怯心理的职业院校学生在他人面前，特别是在陌生人、异性面前，感到不自在、脸红、冒汗，甚至手足无措、语无伦次，无法充分表达自己的思想感情。因此他们常常不敢与人接触，人际交往的范围很狭小。

（五）表现欲不强

表现欲，从心理学的范畴来说，是一种自我实现的需要。依据马斯洛的需要层次理论来看自我实现，它是继人的生理需要、安全需要、归属需要、自尊需要等基本需要得到满足后，才会出现的最高层次的需要。马斯洛说：“自我实现也许可以大致描述为充分利用和开发天资、能力、潜力等，这样的人似乎要竭尽所能，使自己趋于完美。”因此，它是一种正常的、健康的心理状态，绝对不是一般意义上的所谓“好出风头”，更不能作为一种缺点加以批评和抑制。

在择业过程中，一些职业院校学生在社会为其提供的就业机会面前顾虑重重，不能主动地参与就业市场的竞争，向用人单位展示自我、推销自我、依赖自身的努力去赢得用人单位青睐，而是寄希望于学校、地方就业主管部门、家庭，或静候学校和地方的安排，或依靠家长去四处奔波，缺乏择业的主动性，等靠思想和依赖心理严重，使自己在就业中处于劣势。

表现欲望不强的主观原因是：

首先，一些职业院校学生平时缺乏正确的自我认知，经常对自己评价过低，而对别人评价过高，导致自信心不足，产生自卑心理，总认为自己凡事做得不如别人，有“我真不行”的消极自我暗示，而不敢表现自己。

其次，许多同学性格偏于内向，具有回避型人格障碍，经常面对现实的挑战和需要进行人际交往的社会活动，采取回避态度，行为比较退缩，缺乏主动参与自我表现的意识和习惯。这部分同学平时只管埋头读书，不愿抛头露面，很少参与集体活动，即使参加了，也经常是躲在一旁保持沉默。

第三，恐惧紧张。一些学生平时不善交际，在公众场合，特别是在领导、陌生人面前经常感到拘谨紧张，虽然他们有时在参与活动之前也都做了充分的思想准备和心理准备，可是一到临场就紧张，出现行为变形、扭曲。比如，有些学生在和老乡、同班级同学等较熟悉的人在一起时，能比较自如地表现自己，而一旦处在陌生环境，或有陌生人的场合就缩手缩脚、语无伦次，不能把真实的自我展现给大家。

第四，爱面子。有些学生经常担心自己在活动中表现失败，或是怕表现得不够理想，会被别人瞧不起，受到其他同学嘲笑，有损于自己在教师、同学心目中的形象，造成自我价值的降低，而不愿过多地表现自己。

第五，缺乏某方面的知识与能力。实际上，当职业院校学生缺乏与某项活动相关的素质时，就会大大降低他们参与这类活动的积极性。比如，有的学生由于自己语言表达能力差，就不愿过多地参加“演讲”之类的比赛活动。

三、心理问题调适方法

就业本身就是我们认识和适应社会的一个过程，在求职过程中遇到困难，甚至经过几次挫折才最后成功是正常的；在就业中遇到许多心理冲突、困惑，产生一些不良情绪也是正常的。遇到就业问题时，要学会调节自己的心态，使自己能从容、冷静地面对就业这一人生重大课题，并做出正确、理智的选择。如果你遇到了就业心理困扰，可以试着从以下几个方面来调节：

（一）接受客观现实，调整就业期望值

就业市场化、自主择业给大学生带来了机遇与实惠，但许多大学生对“市场”残酷的一面认识不足，对就业市场的客观实际了解不够。经过对就业市场、就业形势的客观了解与深刻体验后，我们必须明白现实情况就是如此，无论是抱怨还是气愤都没有用，这种就业情况不可能是一时半会儿就能改变的。与其成天怨天尤人，浪费了时间、影响了自己心情，还不如勇敢地承认和接受当前所面临的现实，彻底打破以往的美好想象，脚踏实地地寻求解决问题的好办法。

在就业市场上，用人单位找不到人、大量的毕业生无处去的“错位”现象普遍存

在，这是因为大学生的就业期望普遍较高的原故。因此，要顺利就业就必须首先根据自己的实际情况和就业形势，调整自己的就业期望值。调整就业期望值不是对单位没有选择，只要有单位就去，而是要在职业生涯规划和职业发展观念的基础上重新确定自己的人生轨迹。这就是说要树立长远的职业发展观念，放弃过去那种择业就是“一次到位”，要求绝对安稳的观念。要知道现在再好的单位，将来也有下岗的可能，因此，在择业时要看得长远一些，学会规划自己整个人生的职业生涯。在当前获得一个理想职业的时机还不成熟时，应采取“先就业，后择业，再创业”的办法。也就是说，在择业时不要期望太高，可以先选择一个职业，不断提高自己的社会生存能力、增加工作经验，然后再凭借自己的努力，通过正当的职业流动，来逐步实现自我价值。许多大学生不愿意去经济落后的地区工作，可是随着西部大开发的进行，西部地区将成为经济发展的热点，也将给大学生们提供更多的发展机会，因此抢先到这样的地区去工作可能会更有利于自己的职业发展，取得事业的成功。

（二）充分认识职业价值，树立合理的职业价值观

传统认为人们工作就是为了满足生存需要，但是对于现代社会的人来说，职业对个体的意义已经远不是如此简单，职业可以满足人们从低层次到高层次的多方面需要。如最近有人对职业价值结构进行初步研究，发现了交往、毅力、挑战、环境、权益、成就、创造、求新、归属、责任、自我认知等 11 个类别的因子。因此，职业的价值是丰富的，我们要充分认识到职业对个体发展、社会进步所起到的重要作用。

在择业时不能只考虑工作的经济收入、工作条件、地点等因素，更要考虑职业对自我一生发展的影响与作用，应看重职业能否帮助实现自我价值。因此，要在考察社会需要的基础上，树立重自我职业发展、才能发挥、事业成功的职业价值观。对于那些虽然现在工作条件不怎么样，但发展空间大，能让自己充分发挥作用的单位要优先考虑；对于那些现在经济发展水平不太高，但发展潜力大，创业机会多的工作地点也要重视。总之，不能盲目，也不能只看表面现象，比如到一些表面上看来不错，但不适合自己、自己才能不能得到有效发挥的单位去工作，是不会让自己的满意的。与其将来后悔，不如现在就改变自己，建立适应我国当前市场经济发展、人才需求规律的合理的职业价值观，以指导自己正确择业。

（三）认识与接受职业自我，主动捕捉机遇

大学生就业中的许多心里困扰都与大学生不能正确认识和接受职业自我有关，因此正确地认识自我的职业心理特点并接受自我，是调节就业心理的重要途径，并可以帮助自己找到合适自己的职业方向。要知道自己喜欢什么样的职业、需要什么样的职业、自己的择业标准以及依自己目前的能力能干什么样的工作，这样才能知道什么样的工作更适合自己。许多同学通过亲身的求职活动后就会发现自己的能力与水平并不像自己以前想象得那么高，并容易出现各种失望、悲观、不满情绪。因此在认识自我特点后还要接受自我，对自我当前存在的问题不能一味抱怨，也没有必要自卑，因为自己当前的特点是客观现实，在毕业期间要有大的改变是不可能的，因此要承认自己的现状，学会扬长避短。另外，要用发展的观点来看待自己，要知道有些缺点并不可怕，可以先就业然后在工作岗位上不断发展自己。

大学生就业中的机遇因素也是非常重要的，因此了解并接受了自我特点以后，还要学会抓住属于自己的机遇，这样才能保证以后的求职顺利。要抓住机遇首先必须要多收集有关的职业信息，多参加一些招聘会，并根据已定的择业标准进行选择。需要注意的是机遇并不是对任何人都适用的。一个工作的好与不好，是相对的，对别人合适的，对自己不一定合适，因此一定不能盲从；要时时记住，只有合适自己的才是最好的。最后要注意机遇的时效性，在发现就业机会时要主动出击，不能犹豫，也不要害怕失败，应有敢试敢闯的精神。

（四）坦然面对就业挫折，提高心理承受力

面对市场竞争、就业压力，大学生的求职总会遇到许多困难、挫折甚至是委屈，如一些专业“热门”，有些则“冷门”；又如女大学生找工作容易受到歧视等。面对这些问题仅抱怨是没有用的，更重要的是调整自我心态，提高自己对各种突发事件的心理承受能力。其实，就业的过程也是大学生重新认识自我、认识社会，并主动调整自我适应社会的过程。如果能通过求职而增强自我心理调节与承受能力，对大学生今后的职业生活都是非常有用的。

在求职中遇到挫折时，要用冷静和坦然的态度待之，客观地分析自己失败的原因，进行正确的归因。首先，在就业市场化、需求形势不佳、就业竞争激烈的条件下，出现求职失败是在所难免的，不能期望自己每次求职都能成功。要对可能出现的求职挫折有充分的心理准备。同时，应把就业看作一个很好的认识社会、认识职业生活、适应社会的机会，应通过求职活动来发展自己，促进自我成熟，因此“不以成败论英雄”。其次，自己求职失败并不一定就是因为自己的能力不行。出现求职失败有许多原因，可能是因为你选择求职单位的方向不对，也可能是因为你的价值观与单位的企业文化不符合，还有可能是其他一些偶然因素。总之，要正确分析自己失败的原因，调整自己的求职策略，学会安慰自己，以便在下次的求职中获得成功。

（五）调整就业心态，促进人格完善

在求职时，自己或身边的同学出现一些不健康的心态是正常的，没有必要过度担心、害怕自己有心理障碍。当然对于这些不良心态也要学会主动调适，必要时还可以寻求有关心理专家的帮助。进行自我心理调适的方法有很多，首先，可以进行积极的自我心理暗示，鼓励自己、相信自己，帮助自己渡过难关。其次，可以向朋友、老师倾诉，寻求他们的安慰与支持。最后，还可以通过体育锻炼、听音乐、郊游等方式转移自己的注意力，排解心中的烦闷，放松自己的心情。

通过对自己在就业时出现的种种不良心态的分析，可以发现自己平时不容易察觉的一些人格缺陷。应该说这些人格缺陷是产生这种就业心理问题的根本原因，如果现在没有很好地完善自己的人格，那么这些问题还会在今后的工作、生活中继续带来困扰。因此，有关问题其实是暴露得越早越好，同时也不必为自己所存在的人格缺陷而懊恼，因为很少有人是绝对的人格健全的，关键是要在发现自己问题的基础上，积极改变自己、发展自己，使自己的人格更加成熟，使自己将来的人生道路更顺利。

拓展阅读

大学生找工作十大误区

找工作是一项系统工程，既讲究求职方式，也需要求职技巧的运用，还有求职心态的把握。刚刚离开校门走进社会的大学毕业生，充满了理想、充满了抱负。但是到社会上，巨大的落差、残酷的现实，让他们感到措手不及、彷徨无奈。

当前，毕业生找工作艰难，不仅有社会、学校的原因，也有自身的原因。如果走进了求职的误区，就找不到事业发展的方向。对于每一个求职者来说，找工作都是人生中必须面临的一门课程。在这门没有教材和教室的大课堂上，毕业生将面临多少求职误区？你将如何走出误区，进入求职快车道？我们怎样才能找到合适的工作？应该抱有怎样的就业观？你是否树立符合实际的择业和就业观？

对职业的选择直接影响到个人的长远发展，它将决定一个人的收入、社会地位、成功机会、朋友社交圈甚至配偶的选择，因此必须慎之又慎。主要选择五个方面：薪酬、发展空间、生活方式、企业文化、信任感。每个人对这五个方面的排序是不同的，同一个人，在不同时期的排序也是不同的。

调查显示，中国有69%—80%的大学生对未来没有规划、面临就业感到压力。目前横亘在企业与大学生之间的三道鸿沟：企业与人才信息的不匹配、期望的不匹配、要求与能力的不匹配。所以，大学生感受到择业压力是正常的，适当的压力将成为大学生择业的动力。

找工作误区一：留恋大城市　北京要四城区

“北京高校毕业生就业意向”调查显示，在选择就业地域时，68.6%的人首选北京，排在第二位的是经济发达的大中城市，占17.5%，而选择小城镇的比例仅为1.56%。但人事局统计同样表明，要求在四城区工作的人，占想留北京工作的人的83%，而实际能如愿的仅占15%。

因此选择与己匹配是明智之选，对年轻的求职者而言，确立符合实际的择业观和就业观是成功的关键。要能透过大城市优越的工作和生活条件，看到其在促进人才成长中不利的一面，同时也要对自己的实力和优势有个正确的评估，也就是“衡外情、度己力”，谋定而后动。面对就业压力巨大，毕业生要想办法加速跑入“职道”。

找工作误区二：“大、名、公、外”　首选目标

在选择企业时，“大企、名企、公务员、外企”仍是毕业生的首选目标。宏威职业顾问调查显示：目前毕业生中，多数人更愿意到政府机关工作，占37.5%；选择到私企、外企工作，占32.1%；选择到大型国企工作，占22.9%；选择自己开公司的占7.5%。这就造成了毕业生就业难的现实问题。跟风盲从、“扎堆”外企、实力不够、硬冲死拼，结果大都碰得头破血流、丢盔卸甲。

青睐外企、名企并无不当之处，公务员的待遇也令人向往，从积极的一面看，它反映出当代大学生敢于挑战、有冲劲的可贵品质。从尊重毕业生职业选择权的视角看，此种现象无可厚非。但就业是现实问题，它受多种因素牵掣，因此消极面亦十分明显：对于多数毕业生来说“大、名、公、外”则如同水中月、镜中花，可望而不可及。

找工作误区三：追求热门职业　不愿下基层工作

一些大学生只盲目追求脱离自身实际的高工资、高待遇的理想工作和热门职业，对基层职位不屑一顾。在人才市场就出现了“热门难进，冷门更冷”的怪现象。而在企业眼中，刚毕业的大学生欠缺实践经验，需要先到一线锻炼，积累经验。大学生要从“零”做起，从基层做起，最终能在社会上找到自己的位置。只有务实的，才是理想的。很多成功人士都是从基层做起，一些人在起步阶段还经历了相当长时间的“煎熬”，而这一过程积淀下来的体验，铸就了他们今后“高成长”的素质：坚定的目标、顽强的意志、宽容的心胸、奋进的品格。

找工作误区四：实践能力差　自我期望高

不少大学生在择业时极容易出现眼高手低、心气太高，大事做不来，小事又不做，挑来挑去挑花了眼。结果招聘会去了一次又一次，“高不成，低不就”，自然择业困难，挑了好久还没拿到 Offer。

选择职业时，大学生应该从主客观结合的意义上考虑问题。必须明白：要想顺利找到工作，必须工作“拿得起”，架子“放得下”，才能快速跑入“职道”。明确了职业发展方向之后，为了能够让自己进入职业前进专列，争取实现自我价值的机会，职场上要拿到好的 Offer，就是要跟上求职就业动向和求职节拍。寻找对工作经验要求相对较低或无明确经验要求的职位，因为经验是大学生的空白或弱势，他们实际在就业当中碰到很多问题就是工作经验、职业技能方面的问题，回避是明知之举。注明要求 3—5 年工作经验、有丰富业内资源的职位门槛太高，趁早放弃为好。要从基层做起，工作经验和技能积累。有了经验，就有更大的机会，机会和经验是相辅相成的。

找工作误区五：盲目扎堆　互相攀比

不少毕业生择业时容易受社会上一些舆论的左右，盲目从众，追逐热门，而不考虑自身条件、职业特点和社会整体需求，结果造成扎堆现象，多人争夺独木桥，结果既影响择业又浪费了自己的优势。同学之间互相攀比，一些学生讲“级别”，觉得在校园期间我成绩比你好、荣誉我比你多、“官职”比你大，理所当然工作也应比你好，却不知用人单位并非以此作为评判人才的唯一标准。如果同学的月薪是 2200 元，自己拿 2000 元则坚决不做，结果找来找去，2000 元还没拿到。所以，择业时，要正确对待自己，在选择职业时，应当遵守“择己所爱，择己所长，择己所需，择己所利”的原则。

找工作误区六：综合素质低　求职靠作假

受造假心理驱使，造假学历、假证书、假荣誉等，救命稻草并没救命，假的终究长不了，反而毁了自己名声，误了自己前程。非但没有敲开就业的大门，反而，让注水的水货淹没了自己的就业机会，赔上了时间成本。

大学生在制作简历时应抓住重点，对自己的能力，尤其是企业看重的能力进行重点表述。简历要有个性，注重个人特点与企业文化的契合，忌盲目夸大，不要将简历制作太花哨，也不要因为心急而盲目投放简历。

找工作误区七：茫然无措　顾此失彼

知己知彼方能百战百胜，在校园招聘开始之前，总有些应届毕业生故作清高偏安一隅，不屑于搀和进来，等到真正开始后才发现自己已被现实所“遗弃”，于是手足无措、自暴自弃。

利用招聘会现场的有利条件，与招聘人员积极主动沟通。在投递简历前可向招聘人员询问是否接收应届毕业生，然后对照自身条件、职业目标考虑有无成功的可能性。如果有希望，就想方设法了解企业的情况、某个岗位的具体职责、招聘要求等，同时也让招聘人员认识和了解你，留下一个深刻的好印象，机会就来了。要是找不到好工作就干脆不就业或者自暴自弃，最后只能一事无成。切记：新人求职，从容者胜。

找工作误区八：不懂面试技巧　不能迂回而进

很多大学生多次应聘失败，是由于忽视了面试技巧和礼仪，因而淘汰出局。还有没能学会从石缝中钻出、螺旋式生长。多数大学生行事“一往直前”，不懂得“变通”，并认为采取变通做法的人是投机取巧，不愿迂回前进、绕道而行。其实绕道而行的目的是继续前进，心中的追求目标依然存在。只是巧妙避开了障碍，迂回曲折了一下，反而赢得了时间、财力和人力。

一步到位行不通，不妨分步到位。先就业还是先择业，要视个人情况而定。每个人的经济压力不同、目标不同，选择也会不同。在现在的就业竞争环境之下，毕业生还是要树立“分步到位”的意识，先干起来积累经验，在工作中进一步明确方向，找到最合适自己的定位。先有保底的，再找更好的。

找工作误区九：没有自信　退缩低就

在竞争如此激烈的今天，竞争辛苦、艰难是必然的，书没读好、技不如人，不是名校名系、没有各种关系，就产生自卑心理、灰心气馁，遂甘拜下风，不敢对自己“明码标价”，对于一些单位开出的不平等协议也违心闭眼签订，给日后工作带来严重隐患。

信心代表着一个人在事业中的精神状态和把握工作的热忱以及对自己能力的正确认知。有了这样一份信心，求职应聘就有把握有冲劲，敢于面对失败和挫折，把每当经历一次打击看成是学到一份知识，积累一次力量和勇气。所以，在任何困难和挑战的面前首先要相信自己，但自信不是自负、自大、自傲，而是一个人不言败的信心。

找工作误区十：过多物质要求　过早考虑晋升

许多大学生过多考虑物质条件，不但要求月薪高，生活好，还讲究住房、奖金等，只关心是否有晋升机会、是否能做重要的工作、有没有培训机会等，这些固然无可厚非，可在企业眼里，则会看成是不成熟、心气浮躁等的表现，这样就难免构成双方难以调和的矛盾，结果就是一拍两散。

建议大学生尝试从用人单位的角度思考问题，也就是换位思考，为何大学生就业那么难，很大一部分原因是绝大多数学生只站在自己的立场考虑问题，很少有人从用人单位的角度审视自己。应届大学毕业生，来寻找人生的第一份工作，不妨把自己看成是企业，看看这个位子需要什么条件的人，你是否具备了这个条件。如果你是企业，找一个只讲待遇，不求上进或没有敬业精神的人，你会不会喜欢。弄清楚用人单位是怎样评价你的，自己与单位需求之间存在哪些差距等等，这也有助于在今后的面试等环节中把握分寸。

职业生涯体验

校园模拟招聘会

一、活动目的

为提高大学生的就业意识，培养学生的就业技能，提高应聘者的应聘能力与技巧，活跃校园就业、创业氛围，为同学们提供一个了解招聘、熟悉招聘、走进招聘的平台，提供一个展示自我、完善自我、挑战自我的机会。

二、模拟应聘公司具体职位说明

（一）应聘单位：江苏某广告公司

（二）职位描述：市场推广

（三）岗位职责：

1. 负责媒体广告的市场渠道开拓与销售工作，执行并完成公司年度销售计划。
2. 根据公司市场营销战略，提升媒体广告销售价值，控制成本，扩大在所负责区域的销售，积极完成销售量指标，扩大市场占有率。
3. 与客户保持良好沟通，实时把握客户需求，为客户提供主动、热情、满意、周到的服务。
4. 根据公司产品、价格及市场策略，独立处置询盘、报价、合同条款的协商及合同签订等事宜。在执行合同过程中，协调并监督公司各职能部门操作。
5. 动态把握市场价格，定期向公司提供市场分析及预测报告和个人工作周报。
6. 维护销售渠道和客户，并积极开发和拓展新的客户资源。

（四）岗位要求：

1. 积极乐观，热情，思维活跃，具有较强的语言表达能力和开拓精神。
2. 理解和沟通能力强。
3. 了解传媒行业以及市场。
4. 学会通过多种渠道来营销，打破以往传统营销方式。
5. 抗压能力强，能接受高强度工作。
6. 值得信赖，善于倾听。
7. 有电视销售经验者优先考虑。
8. 能熟悉运用 Office 等各种办公软件。

三、活动安排

1. 提前发布招聘信息。
2. 各参与人员在规定时间内提交一份个人简历（纸质档和电子档）。
3. 根据个人简历筛选面试者。
4. 宣布初试通过及本次面试者名单。
5. 分发面试号码。
6. 宣布面试开始，面试者按照面试号码先后顺序依次进行面试。
7. 评委对各位面试者进行评判打分。
8. 活动后总结此次活动得失利弊，整理成文，进行经验交流。

画手游戏

一、游戏准备

白纸1张，笔1支。

二、游戏步骤

1. 把左手放在纸上，画下手的形状。
2. 大拇指代表自己现在的心情。
3. 小拇指代表自己对职业的期待。
4. 无名指代表自己的生命意向。
5. 食指和中指是最具代表性的两个优点。

三、讨论

1. 我的小拇指：我的职业困惑、期待和承诺（讨论并写下来，承诺至少6条）。
2. 毕业的时候希望自己成为什么样？

参考文献 References

[1] GCDF中国培训中心．全球职业规划师资格培训教程［M］．北京：中国财政经济出版社，2006.

[2] 顾雪英等著．当代大学生职业生涯规划［M］．北京：高等教育出版社，2011.

[3] 大学生职业生涯规划教材编写组．大学生职业生涯规划［M］．上海：上海交通大学出版社，2011.

[4] 袁劲果等．大学生职业生涯规划［M］．江苏：南京大学出版社，2014.

[5]（美）塞缪·H. 奥西普等著，顾雪英等译．生涯发展理论［M］．上海：上海教育出版社，2010.

[6] 王彩英等．当代大学生心理健康教育．北京：科学出版社，2011.

[7] 覃彪喜．求职，从大一开始．湖北：长江文艺出版社，2010.

[8] 程社明．你的船你的海：职业生涯规划［M］．北京：新华出版社，2007.

[9]（美）鲍利斯等著．柏静静译．你的降落伞是什么颜色的［M］．北京：中信出版社，2010.

[10] 高明等．赢在起跑线［M］．江苏：南京大学出版社，2011.

[11] 李福军主编．大学生职业生涯规划与就业指导［M］．西安：西北工业大学出版社，2010.

[12] 舒红群等．大学生职业生涯规划与就业创业指导［M］．北京：北京理工大学出版社，2011.

[13] 郃葆清．大学生就业与创业指导［M］．北京：高等教育出版社，2010.

[14] 金树人．职业生涯咨询［M］．北京：高等教育出版社，2007.

[15]［美］里尔登等著．侯志瑾等译．职业生涯发展与规划（第3版）［M］．北京：中国人民大学出版社，2010.

[16]［美］布朗温·卢埃林，罗宾·霍尔特著．古典译．适合比成功更重要：10个测评，做自己的职业规划师［M］．北京：中信出版社，2013.

[17] 古典．你的生命有什么可能［M］．湖南：湖南文艺出版社，2014.

[18] 张博．职业生涯规划与管理［M］．北京：中国电力出版社，2014.

[19]［美］唐娜·邓宁著．王瑶等译．MBTI16型人格与职业规划：你的职业性格是什么？（第2版）［M］．北京：电子工业出版社，2014.